essentials

essentials liefern aktuelles Wissen in konzentrierter Form. Die Essenz dessen, worauf es als „State-of-the-Art" in der gegenwärtigen Fachdiskussion oder in der Praxis ankommt. *essentials* informieren schnell, unkompliziert und verständlich

- als Einführung in ein aktuelles Thema aus Ihrem Fachgebiet
- als Einstieg in ein für Sie noch unbekanntes Themenfeld
- als Einblick, um zum Thema mitreden zu können

Die Bücher in elektronischer und gedruckter Form bringen das Expertenwissen von Springer-Fachautoren kompakt zur Darstellung. Sie sind besonders für die Nutzung als eBook auf Tablet-PCs, eBook-Readern und Smartphones geeignet. *essentials:* Wissensbausteine aus den Wirtschafts-, Sozial- und Geisteswissenschaften, aus Technik und Naturwissenschaften sowie aus Medizin, Psychologie und Gesundheitsberufen. Von renommierten Autoren aller Springer-Verlagsmarken.

Weitere Bände in der Reihe http://www.springer.com/series/13088

Antje Flade

Kompendium der Architekturpsychologie

Zur Gestaltung gebauter Umwelten

Antje Flade
Hamburg, Deutschland

ISSN 2197-6708   ISSN 2197-6716   (electronic)
essentials
ISBN 978-3-658-31337-1   ISBN 978-3-658-31338-8   (eBook)
https://doi.org/10.1007/978-3-658-31338-8

Die Deutsche Nationalbibliothek verzeichnet diese Publikation in der Deutschen Nationalbibliografie; detaillierte bibliografische Daten sind im Internet über http://dnb.d-nb.de abrufbar.

Planung/Lektorat: Eva Brechtel-Wahl
Springer ist ein Imprint der eingetragenen Gesellschaft Springer Fachmedien Wiesbaden GmbH und ist ein Teil von Springer Nature.
Die Anschrift der Gesellschaft ist: Abraham-Lincoln-Str. 46, 65189 Wiesbaden, Germany

Was Sie in diesem *essential* finden können

- eine Kurzfassung der Architekturpsychologie
- grundlegende Konzepte, um die Wirkungszusammenhänge zwischen gebauter Umwelt und dem menschlichen Erleben und Verhalten zu beschreiben und zu erklären
- ausgewählte Ergebnisse architekturpsychologischer Forschung
- Zielgruppen, für die geplant und gebaut wird
- einen Überblick über die Methoden der architekturpsychologischen Forschung.

Inhaltsverzeichnis

Über die Autorin

Dr. Antje Flade
AWMF
Angewandte Wohn- und Mobilitätsforschung
Hamburg

Einleitung

1

Zu einer Allianz zwischen Architektur und Psychologie kam es Ende der 1960er Jahre. Gründe für das erwachende Interesse vonseiten der Architektur an einer Psychologie der gebauten Umwelt waren das Bestreben, die in komplexen arbeitsteiligen Gesellschaften bestehende Kluft zwischen Erbauern und Nutzern zu verringern, die technologische Entwicklung, die eine enorme Vielfalt an Bauformen ermöglichte, und schließlich der immense Bedarf an gebauter Umwelt (Canter 1975). Die Kluft begann sich aufzutun, als die von Laien und Handwerkern produzierte Gebrauchsarchitektur durch eine von Fachleuten entworfene und gestaltete Architektur ersetzt wurde. Dank einer hoch entwickelten Technologie sind Architekten heute in der Lage, Gebäude in nahezu jeder gewünschten Gestalt herzustellen. Umso mehr stellt sich die Frage, welche bauliche Form für den jeweiligen Zweck am besten geeignet ist. Bei einer massenhaften Herstellung gebauter Umwelt etwa im Rahmen großer Stadtentwicklungsprojekte können Fehlentscheidungen hohe finanzielle und soziale Kosten verursachen. Hier kann psychologisches Know-how von Nutzen sein, um bedürfnisgerechte Umwelten zu entwerfen und dem von Sommer (1983) formulierten Leitgedanken „creating buildings with people in mind" zu folgen. Obwohl dieser Leitgedanke schon vor Jahrzehnten formuliert wurde – der eine Einladung an die Psychologie enthielt –, blieb das Interesse der Psychologie an der Erforschung des Einflusses der physisch-räumlichen Umwelt auf den Menschen eher gering. Gifford (2007) hat von einer „environmental numbness" (S. 349) gesprochen. Diese „Taubheit" zu verringern, ist ein zentrales Anliegen der Architekturpsychologie.

1.1 Architektur – Psychologie – Architekturpsychologie

In der Architekturpsychologie treffen zwei Bereiche aufeinander, die von ihrem Ursprung, ihrer Entwicklung, ihren Herangehensweisen, Zielen sowie Erkenntnisinteressen sehr unterschiedlich sind (Flade 2008). *Architektur* ist die Kunst und Fertigkeit des planvollen Entwurfs und Herstellens von gebauten Umwelten. Kunst im Zusammenhang mit Architektur steht für eine ästhetisch ansprechende Gestaltung, Fertigkeit für die Herstellung technisch gelungener, dem Zweck entsprechender funktionaler Umwelten. *Planungseinheiten sind Umwelten unterschiedlicher Art und Größenordnung.* *Psychologie* ist die Wissenschaft, die sich mit der Erforschung des Erlebens und Verhaltens des Menschen befasst. Wahrnehmungs- und Denkprozesse, Gefühle, Befindlichkeiten, Einstellungen, Motive, Handlungsabsichten, Reaktionen, Verhaltensweisen und Handlungen sind Inhalte psychologischer Forschung. *Untersuchungseinheiten sind Individuen.*

Die Architekturpsychologie ist derjenige Teil der Umweltpsychologie, der sich mit den Beziehungen zwischen Mensch und *gebauter* Umwelt befasst. Wie umfassend dieser Teil ist, zeigt die Antwort auf die Frage, was unter gebauter Umwelt zu verstehen ist: Sie ist all das, was nicht natürliche Umwelt ist. Natürliche Umwelt in ursprünglicher Form ist das Insgesamt an anorganischen und organischen Erscheinungen wie Luft, Licht, Wetter, Klima, Boden, Wasser, Vegetation, Bergen und Tälern usw., das ohne Zutun des Menschen existiert (Flade 2008). Gebaute Umwelten sind dagegen Produkte menschlichen Handelns, zu denen auch Modifizierungen natürlicher Umwelten wie z. B. ein Landschaftsgarten zählen. Baukunst und psychologische Forschung verbinden sich in dem Moment, in dem sich Architekten die Frage stellen, wie ihre Bauwerke auf die Menschen wirken und wie sie deren Verhalten beeinflussen, und Psychologen darüber zu forschen beginnen, wie Menschen gebaute Umwelten erleben und in *realen* Situationen handeln. Konkrete Fragen sind zum Beispiel: Warum erleben Menschen einen Raum als anheimelnd? Woran liegt es, dass es schwer fällt, sich in einem bislang noch unbekannten Gebäude zu orientieren? Was treibt Menschen an, eine kahle Wand mit Graffiti zu bedecken? Warum streben die Großstädter ins Grüne? Was macht Orte im öffentlichen Raum besuchenswert?

Allein schon diese wenigen Fragen verweisen auf eine große Zahl von Merkmalen, die für die Planung gebauter Umwelten wichtig sein können. Diese lassen sich drei Kategorien: technischen und funktionalen sowie psychologischen und Verhaltensmerkmalen, zuordnen (Tab. 1.1).

Tab. 1.1 Kategorien von Merkmalen gebauter Umwelten (In Anlehnung an Schuemer 1998, S. 155 f.)

Kategorien	Beispiele
Technische Merkmale	Sicherheits- und Gesundheitsaspekte, die Statik, die Beschaffenheit der Decken und Wände, deren Dichte und Isolierung, der Brandschutz, die Sanitäreinrichtungen, die Beleuchtung, die Heizungsanlage, der Energieverbrauch, die Belüftung, der Schallschutz
Funktionale Merkmale	Das Zusammenpassen von Nutzeraktivitäten und Umweltmerkmalen, die Angemessenheit des Raumkonzepts für die dort stattfindenden Tätigkeiten, ergonomische Passungen
Psychologische und Verhaltensmerkmale	Umweltwahrnehmung, emotionale Reaktionen, Einstellungen, Wohlbefinden, Zufriedenheit Bedürfnisse, Motive, Handlungsabsichten, räumliche Orientierung, Ortsverbundenheit, Ortsidentität, Umweltkontrolle, Stress, territoriales Verhalten, Umweltaneignung

Die Bewertung der Qualität gebauter Umwelten umfasst alle drei Kategorien. Dies sei an einem Beispiel erläutert: Passivhäuser zeichnen sich durch einen nachweislich geringen Heizwärmebedarf aus. Legt man allein dieses Kriterium zugrunde, sind sie optimal. Zu einer vollständigen Evaluation gehört jedoch auch festzustellen, ob sich die Bewohner im Passivhaus wohlfühlen, wie sie das Raumklima erleben, ob sie mit der Technik zurecht kommen und ob sie es als Gewinn an Komfort oder als Kontrollverlust sehen, wenn sie die Fenster geschlossen halten sollen, weil es im Haus eine automatische Lüftungsanlage gibt, und auch, inwieweit die technische Leistungsfähigkeit des Hauses ihr Verhalten beeinflusst. So kann es sein, dass die Bewohner freizügiger Energie verbrauchen, weil sie wissen, dass die Haustechnik das Sparen übernimmt. Ein solcher Bumerang-Effekt: das Ausbleiben einer zu erwartenden Reduktion oder sogar ein noch höherer Energieverbrauch, lässt sich allein psychologisch erklären (Flade und Lohmann 2004).

Um die Fülle der architekturpsychologischen Fragestellungen zu ordnen, bietet sich ein mehrdimensionales Raster an. Dessen Hauptdimensionen sind (Altman 1975):

- gebaute Umwelten unterschiedlicher Art und Größenordnung
- die auf eine Umwelt bezogenen psychologischen und Verhaltensmerkmale

Beispiele sind:

Die gebaute Umwelt ist ein Großraumbüro mit unterschiedlich hohen Trennwänden zwischen den einzelnen Arbeitsplätzen. Untersucht wird das Wohlbefinden und die Arbeitszufriedenheit der Angestellten in Abhängigkeit von der Höhe der Trennwände (Yilderim et al. 2007).

Die gebaute Umwelt ist eine große Ausstellungshalle eines Museums, die sich in kleinere Inseln unterteilen lässt. Beobachtet wird in Abhängigkeit von der Raumaufteilung, auf welchen Wegen die Besucher durch das Museum gehen und welche Exponate sie betrachten (Klein 1993).

„Gebaute Umwelt" ist ein Sammelbegriff, der alles bündelt, was nicht natürliche Umwelt ist. Die natürliche Umwelt würde auch ohne den Menschen existieren; gebaute Umwelt, die dem Wohnen, dem Arbeiten, dem Lernen, der Versorgung, der Freizeit, der Gesundung und Erholung, dem sozialen Austausch und der Mobilität dient, gibt es nur, weil es Menschen gibt, die sie herstellen. Beide Bezeichnungen: „gebaute Umwelt" und „gebaute Umwel*ten*", sind gebräuchlich. Dass Umwelten unterschiedlich ausgedehnt sind – die Größenordnung (scale) reicht vom einzelnen Raum bis hin zur Stadt – wird in dem Begriff „gebaute Umwelt" nicht spezifiziert. Mit „Setting" wird ein Umweltausschnitt bezeichnet.

Zur Dimension der auf die Umwelt gerichteten psychologischen und Verhaltensmerkmale zählen Wahrnehmungen, emotionale Reaktionen, das kognitive Abbilden räumlicher Strukturen (cognitive mapping), Privatheit, Territorialität, Beengtheit, Umweltaneignung, Stress und Stressbewältigung, Erholung und soziale Interaktionen.

Eine dritte Dimension ist die Zeitachse. Anfangspunkt ist der Entwurf eines Bauwerks, der Endpunkt kann ein Abriss oder Zerfall oder eine Umnutzung sein, dazwischen liegen die Ingebrauchnahme und die Nutzung des Bauwerks, dessen Instandhaltung und Modernisierung. Längsschnittuntersuchungen während der Nutzung werfen ein Licht auf die sich durch die gemachten Erfahrungen möglicherweise veränderten Bewertungen. Man befragt z. B. die Bewohner unmittelbar nach ihrem Einzug in eine neue Wohnung und dann ein Jahr später nach ihrer Wohnzufriedenheit und den Gründen, warum sie zufrieden oder unzufrieden sind.

Eine vierte Dimension sind die Zielgruppen, für die gebaute Umwelten hergestellt werden. Es ist ein Ansatz, wenn auch nicht auf der individuellen, so doch zumindest auf der Gruppenebene, bedürfnisgerecht bzw. nutzerorientiert zu bauen. Mit „Nutzern" ist die große Gruppe all derjenigen gemeint, für die Umwelten entworfen und gebaut werden, die anschließend von ihnen in Gebrauch genommen werden.

1.2 Planungsphilosophien

Die Vorstellungen darüber, was eine optimale Mensch-Umwelt-Beziehung ausmacht und wie man diese, von der Umweltgestaltung ausgehend, realisiert, divergieren. Es sind unterschiedliche „Planungsphilosophien", die einen erheblichen Einfluss darauf haben, wie Umwelten entworfen und gebaut werden. Saegert und Winkel (1990) haben diese Vorstellungen als Paradigmen bezeichnet und unterschieden zwischen dem

- adaptation paradigm
- opportunity structure paradigm
- sociocultural paradigm.

Architekten und Planer, die vom *Anpassungsparadigma* ausgehen, betrachten die Beziehung zwischen Mensch und Umwelt in erster Linie als ergonomische Angelegenheit. Das Ziel ist eine maximale Funktionalität: Räume nach dem Motto „form follows function" passend zu den körperlichen Maßen, den Bewegungsabläufen und den darin stattfindenden Aktivitäten zu gestalten (Abb. 1.1).

Ein Musterbeispiel ist die auf eine Person zugeschnittene Funktionsküche, die Grete Schütte-Lihotzky in den 1920er Jahren entworfen hat (Wenz-Gahler 1979). Ein Problem des Anpassungsparadigmas ist indessen, dass es sehr statisch ist; eine momentane Passung muss nicht unbedingt auch in späteren Lebensphasen gelten. So mag ein Wohnungsgrundriss für eine Familie mit zwei Kleinkindern optimal sein, ist es aber nicht mehr, wenn die Kleinen zu Jugendlichen heran gewachsen sind.

Entwürfe, denen das *Gelegenheitsstrukturparadigma* zugrunde liegt, planen Flexibilität ein. Der Mensch wird nicht als passives Wesen verstanden, das eine maßgeschneiderte gebaute Umwelt braucht, sondern als ein aktiv Handelnder, der seine Umwelt mit gestalten und umwandeln kann, was nur dann möglich ist, wenn diese nicht bis in die kleinsten Winkel durchgeplant worden ist (Abb. 1.2). Nutzungsoffenen, teilbaren bzw. zusammenschaltbaren sowie auch unmöblierten Räumen liegt die Vorstellung zugrunde, dass es darum geht, Gelegenheitsstrukturen zu schaffen.

Im *soziokulturellen Paradigma* findet die Symbolik Beachtung. Das Gebaute wird nicht lediglich als physisch-räumliches Gebilde verstanden, sondern auch als ein kulturelles Erzeugnis, in dem gesellschaftliche Leitvorstellungen und kulturelle Normen sowie Vorstellungen, wie es richtig ist, zum Ausdruck kommen. So sehen z. B. die Städte des Islam anders aus als europäische oder

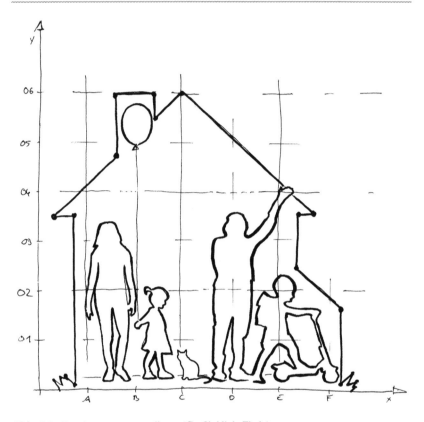

Abb. 1.1 Das Anpassungsparadigma (Grafik Niels Flade)

sozialistische Städte (Rüthers 2015). Oder in Schulumwelten spiegelt sich die Lernphilosophie wider: „A classroom environment is much more than a place to house books, desks and materials...The environment of the classroom is a direct expression of the educational philosophy" (Martin 2002, S. 139). Das Gebaute wird hier zum Kommunikationsmittel, das dem Betrachter und Nutzer etwas mitteilt. Ein monumentales hohes Gebäude drückt staatliche Macht aus, eine dichte Hecke zwischen den Grundstücken signalisiert, dass der Nachbar Wert auf visuelle Privatheit legt.

Abb. 1.2 Gelegenheitsstrukturparadigma (Grafik Niels Flade)

Ein Beispiel für eine Gebäude-Symbolik ist das von Hadi Teherani entworfene Bürogebäude „Dockland" an der Elbe, das ein Schiff symbolisiert, das in Richtung Meer unterwegs ist (Abb. 1.3).

Kulturen unterscheiden sich in dem Grad, in dem sie Individualität hervorheben und auch verlangen oder Gleichförmigkeit propagieren und Konformität einfordern (Altman und Chemers 1980). Je fortgeschrittener die Technologie ist, umso individuellere bauliche Formen lassen sich verwirklichen, umso mehr

Abb. 1.3 Gebäude-Symbolik (Eigenes Foto)

soziale und bauliche Differenzierung wird möglich, sodass sich die gebaute
Umwelt dank der technologischen Entwicklung zunehmend besser dazu eignet
Individualität auszudrücken.

Wenn sich über die Welt ein immer umfassenderes Netz international
standardisierter Kulturformen legt mit internationalen Flughäfen und Hotelketten
als typischen Orten globaler Kulturformen (Rüthers 2015, S. 49), verlieren gebaute
Umwelten ihre kulturelle Prägung. Zum Vorschein kommt in den Bauwerken stattdessen die individuelle „Handschrift" der weltweit tätigen Architekten.

Eine zunehmend an Bedeutung gewinnende Planungsphilosophie im
Zusammenhang mit der Nachhaltigkeitsdiskussion und der Klimawandel-Debatte
ist das *ökologisches Paradigma*. Unverkennbar ist, dass nicht nur wirtschaft-
liche Interessen und das Berücksichtigen der Nutzerbedürfnisse sondern auch
ökologische Belange bei der Herstellung gebauter Umwelten immer stärkere
Beachtung finden. Damit sind keine technisch optimierten Gebäude gemeint, die
eingepackt in Dämmstoffe Heizenergie sparen helfen, und auch nicht nur Gras-
dächer und Fassadenbegrünungen. Was gemeint ist, hat die Architektin Marina

Tabassum in einem Interview folgendermaßen beschrieben: „Wenn ich Gebäude sehe, die vollständig von Klimaanlagen abhängig sind, wirkt das auf mich wie ein Mensch auf der Intensivstation. Wenn man die Geräte abschaltet, stirbt der Patient. Häuser müssen atmen, sie brauchen Luft und Licht. In gewisser Weise sind sie die Erweiterungen von uns selbst" (Weissmüller 2020, S. 9). Wichtige Elemente sind, wie die Architektin darlegt, Innenhöfe und natürliches Licht, das Räume erhellt und eine Raumatmosphäre erzeugt.

Architekturpsychologische Konzepte

2

Planungsphilosophien sind keine Theorien, sondern Annahmen, denen ein Bild vom Menschen zugrunde liegt, zu dem eine bestimmte Art von Entwürfen am besten passt. Im Unterschied dazu liefern empirisch bestätigte Theorien Erkenntnisse. Theorien gehen nicht nur über Mutmaßungen, sondern auch über bloße Beschreibungen hinaus, indem sie die Wirkungszusammenhänge zwischen Umweltbedingungen und dem Erleben und Verhalten des Menschen *erklären* (Dieckmann et al. 1998). Dabei wird sichtbar, dass diese Zusammenhänge nur selten einfache „Wenn Dann Beziehungen" sind, sondern dass zwischen Umwelt und Umwelterleben innerpsychische Prozesse stattfinden mit der Folge, dass ein und dieselbe Umwelt individuell unterschiedlich wahrgenommen wird. Dass objektive und wahrgenommene Qualität gebauter Umwelten nicht übereinstimmen müssen, tritt besonders deutlich im Zufriedenheitsparadox zutage: Menschen sind trotz objektiv guter Lebensbedingungen unzufrieden, während andere trotz ungünstiger Umweltbedingungen zufrieden sind. Mit dem Konzept des Anspruchniveaus lässt sich das Paradox auflösen: Wer viel erwartet, ist eher unzufrieden, wer wenig erwartet ist, ist auch mit Wenigem zufrieden (Galster 1987). Das Anspruchsniveau fungiert als Moderatorvariable, die das Zufriedenheitsurteil beeinflusst.

Ein Basiskonzept der Umwelt- und Architekturpsychologie ist die *Wechsel* beziehung zwischen Mensch und Umwelt. Der Mensch ist nicht nur ein kontemplativ Betrachtender, der die Umwelt auf sich wirken lässt, sondern er ist auch ein aktiv Handelnder. Es gibt folglich *zwei* Wirkrichtungen (Bell et al. 2001; Gifford 2007):

- Umwelt > Mensch
- Mensch > Umwelt.

A. Flade, *Kompendium der Architekturpsychologie*, essentials, https://doi.org/10.1007/978-3-658-31338-8_2

Es sind die Bausteine einer fortdauernden Transaktion.
Architekturpsychologische Konzepte sind vergleichbar einem Werkzeugkasten. Die Werkzeuge werden verwendet, um Fragen zur Gestaltung theoretisch fundiert zu beantworten. Beispiele sind:

* Warum funktionieren trotz hoher baulicher Qualität manche Umwelten nicht so wie erwartet? > *Behavior Setting-Konzept*
* Welche Rolle spielen Gefühle beim Erleben von Räumen? > *gestimmter Raum*
* Lässt sich der Eindruck von Schönheit an formalen Merkmalen festmachen? > *Umweltästhetik*
* Wie lässt es sich bewerkstelligen, dass die Bedürfnisse nach Alleinsein und Rückzug sowie nach Zusammensein und sozialem Leben in gebauten Umwelten gleichermaßen befriedigt werden können? > *Privatheit*
* Warum ist es nicht ratsam, wenn baulich verdichtet werden soll, die zwischen privaten und öffentlichen Räumen gelegenen Zwischenbereiche einzusparen? > *Territorialität*
* Wie wirken sich hohe bauliche Dichten aus? > *Beengtheit*
* Was spricht dafür, Umwelten nicht bis ins kleinste Detail durchzuplanen? > *Umweltaneignung*
* Menschen erleben in ihrem Alltag mehr oder weniger Stress. Wie kann die Stressbewältigung unterstützt werden? > *Erholumwelten*
* Der Mensch ist nicht nur Einzel-, sondern immer auch Sozialwesen mit sozialen Bedürfnissen. Welche Möglichkeiten bietet die gebaute Umwelt, um sie zu befriedigen? > *Soziale Orte im öffentlichen Raum.*

2.1   Das Behavior Setting Konzept

Warum funktionieren trotz nachweislich hoher baulicher Qualitäten manche Umwelten nicht so, wie man es erwartet hat? Wenn die Architektur stimmt, woran liegt es dann? Ein Ansatz, um das herauszufinden, ist eine Analyse auf der Grundlage des Behavior Setting Konzepts, eines aus drei Komponenten bestehenden Systems: eines Umweltausschnitts (Setting), einem Verhaltensprogramm und den anwesenden Menschen (Teilnehmern). Das Verhaltensprogramm in einem Setting kommt in einer sichtbaren Gleichförmigkeit des Verhaltens zum Ausdruck. Die Teilnehmer sind austauschbar; individuelle Unterschiede spielen nur auf der Gruppenebene eine Rolle, z. B. bei der Unterscheidung von Lehrern und Schülern in Lernumwelten.

Ein Grund für eine Dysfunktionalität kann sein, dass die angestrebten Verhaltensmuster nicht zu dem Setting passen. Ein Beispiel für eine mangelnde Kongruenz ist ein Großraumbüro ohne Trennwände zwischen den einzelnen Schreibtischen, an denen die Angestellten Arbeiten erledigen, die, weil sie höchste Konzentration erfordern, keinerlei Ablenkung dulden. Das gewünschte Verhalten ist effektives Arbeiten. Ein weiteres Beispiel ist ein Schulhof, auf dem es zwar einen Schulgarten, aber zu wenig Freiflächen gibt, auf denen sich die Schüler in den Pausen „austoben" können, was nach dem Stillsitzen während des Unterrichts jedoch ein nicht nur akzeptiertes sondern auch gewünschtes Verhalten ist. Empfehlungen zur Gestaltung von Schulumwelten, die zu den schulischen Verhaltensprogrammen passen, finden sich bei Rittelmeyer (1994) und Walden (2015).

Ein zweiter Grund, warum das System nicht so funktioniert wie erwartet, ist, gemessen am Raumangebot, eine nicht passende Zahl von Teilnehmern. Mit der Frage der optimalen Teilnehmerzahl befasst sich die Staffing-Theorie, die erklärt, warum sowohl eine zu hohe (overstaffing) als auch eine zu geringe Teilnehmerzahl (understaffing) ein Behavior Setting destabilisieren können (Bell et al. 2001, S. 126 f.). Die Bereitschaft, sich sozial zu verhalten und anderen zu helfen, nimmt ab, wenn zu viele Menschen anwesend sind, von denen sich keiner verantwortlich fühlt, was als „diffusion of responsibility" bezeichnet wurde (Bierhoff 2006). Beim Understaffing sind dagegen die wenigen anwesenden Menschen schnell überfordert und überlastet, wenn das Verhaltensprogramm so umfangreich ist, dass mehrere Teilnehmer erforderlich sind, um es auszuführen. Eine architektonisch vorbildliche Klinik wird z. B. zu einem dysfunktionales Behavior Setting, wenn die Zahl der Pflegekräfte zu gering ist, um die anfallenden Aufgaben zu erfüllen. In einem leeren Theater fehlt das zuschauende und applaudierende Publikum. Hinzuzufügen ist, dass nicht nur die Zahl, sondern auch die Art der Teilnehmer stimmen muss, damit ein Behavior Setting funktioniert. Ein Konzert in einem Konzertsaal wird gestört, wenn sich die Teilnehmer nicht an das Verhaltensprogramm, nämlich schweigsam zu sein, halten.

Ein dritter Grund für eine Instabilität des Systems sind unklare Verhaltensprogramme und missverständliche Settings. So büßt ein Lernprogramm, bei dem Spaß- und Unterhaltungselemente in das Lernmaterial integriert werden mit der Absicht, dadurch die Lernmotivation zu steigern, an Klarheit ein, wenn das *Enter*tainment gegenüber dem *Edu*tainment allzu sehr in den Vordergrund rückt (Norman 2008, S. 399). Auch dem Home Office fehlt die Klarheit eines herkömmlichen Büroarbeitsplatzes, bei dem kein Zweifel besteht, dass das dazugehörige Verhaltensprogramm effektives Arbeiten ist. Das Home Office, ein Mix aus Wohnen (Home) und Arbeiten (Office), ist ein Setting mit *zwei* Verhaltensprogrammen, die koordiniert werden müssen, was trotz des euphemistischen Begriffs der „work-live-balance" nicht immer gelingt.

Das Gegenteil unklarer Settings ist ein den Dingen und Umwelten inne-wohnender Aufforderungscharakter, der keinen Zweifel lässt, wie man sich zu verhalten hat. Der aus dem Englischen übernommene Begriff für das Phänomen, dass man Dingen und Umwelten direkt ansieht, wozu sie da sind und wie man sich ihnen gegenüber verhält, ist Affordanz. Der Begriff bezeichnet eine den Objekten und Umwelten anhaftende Aufforderung, ein bestimmtes Verhalten zu praktizieren (Evans und McCoy 1998). Beispiele sind eine Kirche, in der man still ist und sich nicht laut unterhält, oder ein Stuhl, der zum Sitzen auffordert, oder ein Radweg, der eine bestimmte Fortbewegungsart nahe legt. Fehlende Affordanz, widersprüchliche Anweisungen und unklare Settings verunsichern, frustrieren und können Aggressionen hervorrufen, z. B. wenn Fußgängern auf einem Gehweg, auf dem ausdrücklich auch das Radfahren erlaubt ist, dieser Teil des Verhaltensprogramms nicht bekannt ist. Eine Möglichkeit, Klarheit über die gewünschten Verhaltensweisen zu schaffen, sind erläuternde Hinweise (cues). Gibson und Werner (1994) haben die Nützlichkeit solcher Cues, die vor allem in weniger vertrauten Settings wichtig sein können, in den Wartebereichen von Flughäfen nachgewiesen.

Zusammenfassend
Das Behavior Setting-Konzept ist ein System aus drei Komponenten: einem Umweltausschnitt, den darin anwesenden Teilnehmern und einem Verhaltens-programm. Mit dem Konzept kann erklärt werden, warum Umwelten trotz hoher baulicher Qualität nicht das leisten, was man sich von ihnen versprochen hat. Mögliche Gründe sind, dass die Systemkomponenten nicht klar definiert oder nicht kompatibel sind und dass sich zu viele oder zu wenige Menschen in dem Raum befinden.

2.2   Die wahrgenommene Umwelt

Indem er wahrnimmt, tritt der Mensch in eine Beziehung zu seiner Umwelt. Die Selektion und Aufnahme von Informationen aus der Umwelt durch die Sinnesorgane ist der erste Schritt, auf den als nächstes die Verarbeitung der Informationen, d. h. deren Deutung und Bewertung, erfolgt. Welche Informationen ausgewählt und weiter verarbeitet werden, wird nicht allein von den Merkmalen der Umwelt bestimmt, sondern hängt entscheidend von dem wahrnehmenden Menschen, seinen persönlichen Eigenschaften, Interessen,

Erfahrungen und Absichten ab. So nimmt der Förster ein und denselben Wald anders wahr als der Spaziergänger; er greift auf andere Erfahrungen zurück und verfolgt andere Absichten. Ebenso kann der Eindruck von einem Gebäude, den Architekten und Nicht-Architekten haben, ganz unterschiedlich sein. Die Architekten urteilen von ihrem Fachwissen her, Nicht-Fachleute stützen sich auf ihr Erfahrungswissen.

Das Wahrnehmen ist immer an Umweltreize gebunden; diese sind „the initial gathering of information" (Gifford 2007, S. 23). Wahrnehmungen sind aus diesem Grunde auch keine reinen Konstruktionen, denn die sensorischen Eindrücke stammen aus realen Umwelten. Kognitive Prozesse wie Denken, Vorstellen, Abwägen und Problemlösen sind indessen nicht allein die Fortsetzung einer Verarbeitung der aufgenommenen Information, sondern auch vom sensorischen Input losgelöste innerpsychische Prozesse. Wahrnehmen ist umfassender, indem es sensorische und kognitive Prozesse umfasst.

Strukturmerkmale, die eine Umwelt unverwechselbar machen, fördern deren Verständlichkeit und Lesbarkeit. Wenn solche Merkmale vorhanden sind, fällt dem Menschen das „cognitive mapping" leichter, d. h. sich ein mentales Bild von der Umwelt zu zulegen, das es ihm ermöglicht, sich in der Umwelt zu verorten, zu orientieren, Wege zu planen und auf ein Ziel gerichtet zu handeln (Zurawski 2014).

Ein besonders wichtiges Strukturmerkmal sind Landmarken (landmarks). Es sind einzigartige Objekte wie z. B. ein Brunnen auf einem öffentlichen Platz, den es nur hier und nirgendwo sonst gibt, oder ein spektakuläres Museumsgebäude, das so außergewöhnlich ist, dass es zugleich die Stadt, in der es sich befindet, weithin bekannt macht. Weitere räumliche Strukturmerkmale, die Lynch (1960) beschrieben hat, sind Straßen und Wegenetze, Knotenpunkte und Plätze, Begrenzungen z. B. durch Flüsse und Stadtmauern, und sich unterscheidende Teilgebiete wie Stadtmitte, Altstadtviertel und Neubaugebiete. Stadtpläne auf öffentlichen Plätzen mit der Angabe des Standorts („Sie befinden sich hier") sind als Orientierungshilfe dann hilfreich, wenn eine Korrespondenz zwischen Karte und realer Umwelt besteht und das Oben auf der Karte einem Geradeaus in der Umwelt entspricht (Levine 1982).

Gebaute Umwelten werden nicht nur wahrgenommen und erkannt, sie werden auch bewertet. Die Urteile der Nutzer beruhen auf individuellem *Erfahrungswissen*. Sie unterscheiden sich von den Bewertungen der Experten, die ihr *Fachwissen* einbringen und objektive Bewertungsmethoden anwenden. Die Beurteilungen der Experten reichen deshalb auch nicht aus, wenn man wissen möchte, wie Nutzer eine gebaute Umwelt erleben und bewerten.

Ein standardisiertes Instrument, mit dem die Beurteilungen von Bewohnern zuverlässig ermittelt werden können, ist der von Bonaiuto et al. (1999) entwickelte Fragebogen, mit dem die von den Bewohnern wahrgenommene Wohnqualität in vier Bereichen erfasst wird. Die Bereiche sind

- architektonische und stadtplanerische Merkmale, darunter das Aussehen der Häuser und das Vorhandenensein von Grünflächen,
- nachbarliche Beziehungen und das soziale Leben in der Wohnumgebung,
- Einrichtungen und Dienstleistungen wie Schulen, der öffentliche Verkehr, Gesundheitsdienste,
- Kontextmerkmale wie Ruhe, Luftqualität und Sicherheit.

Zu allen vier Bereichen gibt es eine Reihe von Aussagen, zu denen die Bewohner auf einer vierstufigen Skala von „stimme voll zu" bis „stimme gar nicht zu" den für sie zutreffenden Skalenwert ankreuzen. Ein Ergebnis der Befragung von Bewohnerinnen in Wohngebieten in Rom, die Bonaiuto et al. durchgeführt haben, war, dass sie sich stärker mit ihrer Wohnumwelt verbunden fühlen, je höher sie deren Qualität einschätzen, je schöner sie das Gebiet finden, je mehr sie die Nachbarn mögen und je ruhiger es dort ist.

Dass ein Setting nicht lediglich als mehr oder weniger schön erscheint, sondern dass das Aussehen auch ein Zeichen ist, das auf etwas hinweist, haben Arneill und Devlin (2002) in einem Experiment demonstriert, in dem sie sich mit der Wahrnehmung von Wartezimmern befasst haben. Ihre Ausgangsüberlegung war, dass es Therapie fördernd ist, wenn die Patienten in einer Arztpraxis während des Wartens entspannt statt gestresst sind. Die Versuchspersonen bekamen Fotos von Wartezimmern gezeigt, die in ihrer Einrichtung (einfache und schlichte Stuhlreihen, hübsche plüschige Möbel), farblichen Gestaltung, Gepflegtheit, Beleuchtung und ihres Ambiente (ungewöhnliches oder erwartetes Aussehen) variierten. Die Kompetenz des Arztes wurde höher eingeschätzt, wenn das Wartezimmer eine angenehme Beleuchtung aufwies und farblich ausgewogen und gepflegt aussah. Das schlicht gehaltene und das plüschige Wartezimmer schnitten in der Einschätzung der Behandlungsqualität weniger gut ab. Ein Wartezimmer, das nicht mit den Erwartungen, wie ein solcher Raum aussehen sollte, übereinstimmt, stieß auf Unverständnis; es bewirkte, dass der Arzt für weniger kompetent gehalten wurde. Wartezimmer sollten also durchaus auch wie Wartezimmer aussehen, d. h. ein unmissverständliches Setting sein.

Zusammenfassend

Die wahrgenommene Umwelt ist das Ergebnis der Selektion und Verarbeitung von Informationen aus der Umwelt. Wie leicht es dem Menschen fällt, ein mentales Bild von der Umwelt zu erwerben, hängt von Strukturmerkmalen ab. Herausragende Bedeutung haben Landmarken. Die wahrgenommene Qualität der Wohnumwelt hängt von architektonischen und stadtplanerischen Merkmalen, den nachbarlichen Beziehungen, der Infrastruktur und Kontextmerkmalen ab. Das Aussehen gebauter Umwelten ist nicht nur eine Frage der Ästhetik, sondern stärkt zugleich die Ortsverbundenheit und sagt darüber hinaus etwas über die Eigenschaften der sich dort aufhaltenden und tätigen Menschen aus.

2.3   Der gestimmte Raum

Umwelten sind Erfahrungs- und Handlungsräume und zugleich gestimmte Räume mit affektiven Qualitäten. Die Gestimmtheit (Atmosphäre) eines Raums ist ein nicht auf einzelne Merkmale zurückführbarer gefühlsmäßiger Gesamteindruck, von dem ein Mensch mehr oder weniger „ergriffen" wird (Kruse 1996). Umwelten muten an, sie werden als nüchtern, feierlich, sachlich, gemütlich, behaglich, anheimelnd oder aber als kalt, abweisend und bedrückend empfunden. Solche Eindrücke stellen sich unmittelbar ein: „When we think about or perceive an environment we judge more than its physical or objective properties. We judge how gloomy, how exciting, or how peaceful it is… we judge its affective properties" (Russell und Lanius 1984, S. 119). Der gefühlsmäßige Eindruck ist primär: Auf einen Raum, den man betritt, wird unmittelbar emotional reagiert und zwar noch bevor die Sinneseindrücke eingehender analysiert werden. Emotionale Reaktionen sind eine Art Weichenstellung: einer Umwelt, die positive Gefühle auslöst, wendet man sich zu. Ist der gefühlsmäßige Eindruck dagegen negativ, weil man den Ort als unsicher, bedrohlich und unheimlich empfindet, wendet man sich ab und sieht zu, dass man wegkommt. Ein solcher Ort wird zu einer individuellen No-go-Area. Der eigentlich verfügbare Lebensraum wird durch dieses „narrow the field" freiwillig verkleinert. Wie überlebenswichtig andererseits solche schnellen Reaktionen sind, zeigt sich in bedrohlichen Situationen. Wenn er sofort mit Flucht reagiert, hat der Mensch eine Chance sich zu retten. Würde er die Situation erst noch eingehender analysieren, könnte es für ein Entkommen zu spät sein.

Der gefühlsmäßige Eindruck ist ein *Gesamteindruck,* der – gestaltpsychologisch gesprochen – mehr ist als die Summe seiner Teile. Die einzelnen Merkmale, die in unterschiedlichen Kombinationen die Atmosphäre bestimmen,

sind dennoch die Grundlage für die Planung gestimmter Räume. Wesentliche
Merkmale sind:

- die Größe des Raums
- die Raumhöhe
- die Farbgestaltung
- die Helligkeit
- die Baumaterialien
- die Einrichtung
- das Hindurch sehen können
- der Übergang zwischen drinnen und draußen.

Große leere Räume vermitteln den Eindruck von Weite, man fühlt sich frei statt
beengt – möglicherweise aber auch verloren in der großen Leere. Die Höhe eines
Raums bestimmt das Größenverhältnis zwischen Mensch und Raum und damit
auch, inwieweit sich der Mensch klein und durch das ihn weit überragende mono-
mentale Bauwerk überwältigt fühlt. Räume können bunt oder farblos sein, sie
können heller oder dunkler, das Baumaterial kann edel und kostbar oder billig,
die Ausstattung sparsam oder üppig sein, die Wände können aus Beton oder aus
Glas sein. Türen in ein Gebäude können unscheinbar und versteckt oder unüber-
sehbar und auffallend in ihrem Dekor sein. Farben sind ein unaufwendiges
gestalterisches Mittel mit beträchtlicher emotionaler Wirkung, die auch neuro-
nale Vorgänge und die Körperphysiologie umfasst. Blau und Grün wirken eher
beruhigend. Besonders anregend sind dagegen Rot, Orange und Gelb (Küller
1996).

Gestimmtheiten sowie auch Gefühle wie Freude und Trauer lassen sich
beschreiben, kategorisieren und quantifizieren, wenn man dazu den Semantischen
Raum heran zieht. Dessen Dimensionen sind (Russell und Lanius 1984; Russell
und Snodgrass 1987; Gifford 2007):

- Valenz (pleasure, evaluation)
- Aktivierung (arousal, activity)
- Dominanz (dominance, potency).

Umwelten werden als mehr oder weniger angenehm und als mehr oder weniger
aktivierend erlebt. Grelle Buntheit, wie sie charakteristisch ist für schrilles
Graffiti, aktiviert die Sinne, einfarbige graue Wandflächen sind dagegen reizarm.
Das Schema in Abb. 2.1 mit den beiden Dimensionen *Valenz und Aktivierung* ver-
anschaulicht die Einordnung affektiver Qualitäten in ein Koordinatensystem.

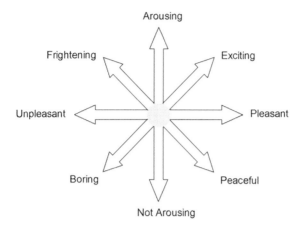

Abb. 2.1 Hauptdimensionen des Semantischen Raums (Gifford 2007, S. 85)

Kontextmerkmale wie Lärm oder Ruhe beeinflussen das Erregungsniveau. Von diesem Wissen ausgehend wird beispielsweise in Einkaufszentren Hintergrund-musik eingesetzt, um eine übermäßige sensorische und soziale Stimulation zu dämpfen. Mithilfe leiser und langsamer Musik in einem immer wiederkehrenden unaufgeregten Rhythmus wird eine entspannte Atmosphäre erzeugt, die zum längeren Verweilen und dann auch zu einem vermehrten Konsum einlädt (North et al. 2004).

Ein Beispiel für ein extrem aktivierendes Setting ist eine Disco. Das Gegenteil ist eine stille Waldlichtung.

Auch in Transitumwelten sind affektive Qualitäten keineswegs unwichtig, auch wenn man sich dort nur flüchtig und auch an den Haltepunkten nicht lange aufhält, denn aufgrund der dort gemachten Erfahrungen antizipiert man, wie man sich dort fühlen würde. Appelle wie z. B. die ökologisch verträglicheren öffentlichen Verkehrsmittel anstelle des Pkw zu nutzen, sind nicht erfolgreich, solange sie gefühlsmäßig abgelehnt werden. Eine Voraussetzung, dass solche Appelle nicht wirkungslos bleiben, sind positive emotionale Reaktionen (Flade 2000).

Die *Dimension der Dominanz* erstreckt sich zwischen dem Eindruck, einer übermächtigen Umwelt gegenüber zu stehen, und der Überzeugung, die Umwelt „im Griff zu haben" und kontrollieren zu können. Überwältigend sind Umwelten, denen gegenüber sich der Mensch als klein, unbedeutend und machtlos empfindet. Entscheidend für diesen Eindruck ist das Größenverhältnis zwischen

Abb. 2.2 Dominanz ausstrahlende Bank (Eigenes Foto)

Mensch und Bauwerk. Die Wirkung von Dominanz wird auch bei der Gestaltung von Skulpturen und Denkmälern sowie von Kunstwerken genutzt. So lässt eine überdimensionierte Bank den Nutzer klein erscheinen (Abb. 2.2). Eine solche Bank führt vor Augen, dass sich der Mensch – zu Unrecht – stets zum Maßstab aller Dinge macht.

Massige Gebäude strahlen Dominanz aus. Wie lässt sich der Eindruck von deren Mächtigkeit mildern? Stamps (2000) hat in einem Experiment, in dem er mit schematisierten Formen die Massigkeit von Gebäuden simuliert hat, untersucht, mit welchen Maßnahmen der Eindruck von Massigkeit verringert werden könnte (Abb. 2.3). Am wirkungsvollsten erwiesen sich wie zu erwarten weniger wuchtige Bauwerke. Doch auch durch Differenzierungen wie vertikalen Unterteilungen von Flächen, dem Einfügen von Fenstern und durch Bäume vor den Hausfassaden kann der Eindruck von Massigkeit reduziert werden.

Fenster sind vom Außenraum her gesehen auch eines der Mittel, um Gebäude weniger dominant und einschüchternd erscheinen zu lassen, Wenn das Gegenteil beabsichtigt ist, verkleinert man die Fenster oder lässt sie weg.

Zusammenfassend

Die Umwelt ist nicht nur Erfahrungs- und Handlungsraum des Menschen, sondern auch ein gefühlsmäßig erlebter gestimmter Raum. Positive Reaktionen bewirken, dass sich der Mensch einer Umwelt zuwendet, negative Reaktionen haben Vermeidungsverhalten zur Folge. Gefühle und Gestimmtheiten lassen sich durch Einordnung in das Koordinatensystem des Semantischen Raums beschreiben. Dessen Dimensionen sind Valenz, Aktivierung und Dominanz.

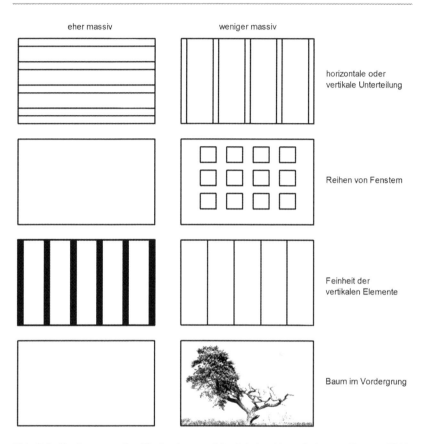

Abb. 2.3 Verringerung des Eindrucks von Massigkeit (Ausschnitt aus Stamps 2000, S. 54)

2.4 Umweltästhetik

Die Atmosphäre eines Raums kann sowohl positiv als auch negativ sein, ein Raum kann behaglich und einladend oder kalt und abweisend wirken. Voraussetzung, dass ein Raum oder eine Umwelt als schön erlebt wird, ist eine positive emotionale Reaktion (Nasar 1997). Eine schöne Umwelt wird aus anderen als allein rationalen und ökonomischen Gründen wert geschätzt. Bevorzugt werden Umwelten,

- die man auf Anhieb versteht,
- die zum Erkunden motivieren.

Die evolutionstheoretische Begründung von Kaplan und Kaplan (1989), warum verstehbare und neugierig machende Umwelten eher als schön wahrgenommen werden als Umwelten, die man nicht begreift oder die uninteressant wirken, lautet: Menschen bevorzugen Umwelten, die ein Überleben am ehesten garantieren, was umso wahrscheinlicher ist, wenn es eine überschaubare und begreifbare Umwelt ist, sodass man sich mühelos darin zurecht finden kann und deshalb auch sicher fühlt, *und* wenn – ausgehend von dieser sicheren Basis – die Umwelt dazu anregt zu erkunden, was außerhalb des Vertrauten und bereits Bekannten liegt. So ist die Wohnung einem sicheren Hafen vergleichbar, von dem aus man zu neuen Ufern aufbricht. Mit der Erweiterung des Lebensraums ergeben sich neue Erfahrungs- und Aktionsmöglichkeiten, das Umwelt- und Erfahrungswissen nimmt zu, was wiederum die Lebenschancen erhöht.

Die Umwelten, auf die der Mensch emotional positiv reagiert, zeichnen sich durch bestimmte Merkmale aus und zwar durch Kohärenz, Lesbarkeit, Komplexität und Mystery (Tab. 2.1).

Kohärenz ist „the degree to which a scene ‚hangs together' or has organization" (Bell et al. 2001, S. 43). Eine Szenerie ist kohärent, wenn die einzelnen Teile ein stimmiges Ganzes ergeben. Mangelnde Kohärenz bedeutet Zusammenhanglosigkeit: Die einzelnen Elemente oder Teile sind nicht aufeinander bezogen, sie bilden keine Gestalt. Absichtlich nicht kohärent sind die aus kleinen einzelnen Szenen bestehenden Wimmelbilder, die man nur nacheinander sichten kann. Ein Beispiel ist das weithin bekannte von Bruegel dem Älteren gemalte Wimmelbild aus dem 16. Jahrhundert, auf dem in einzelnen kleinen Szenen die Kinderspiele dargestellt sind, die im Mittelalter gang und gäbe waren. Wimmelbilder sind informativ, aber nicht schön.

Tab. 2.1 Merkmale bevorzugter Umwelten

Merkmale	Erläuterung
Kohärenz	Die einzelnen Elemente fügen sich zu einem stimmigen Ganzen zusammen
Lesbarkeit	Die Umwelt weist Strukturmerkmale auf, die es erleichtern sich zu orientieren
Komplexität	Die Umwelt ist reich an vielen verschiedenartigen Elementen
Mystery	Der Umwelt haftet etwas Geheimnisvolles an

Lesbarkeit ist „the degree or distinctness that enables the viewer to understand or categorize the contents of a scene" (Bell et al. 2001, S. 45). Umwelten sind lesbar, wenn es leicht fällt, sie kognitiv abzubilden (vgl. Abschn. 2.2). Ein besonders wichtiges Strukturmerkmal sind Landmarken, die, weil sie einzigartig und auffällig sind, es erleichtern sich zu verorten und zu orientieren. Eine räumlich gegliederte Stadt mit Stadtmitte, Stadtvierteln und Stadträndern ist lesbarer als eine ungegliederte Stadt, die nur aus gleichförmigen Häuserreihen besteht. Lesbare Umwelten werden auch deshalb geschätzt, weil sie die Bedürfnisse nach Sicherheit und Umweltkontrolle befriedigen.

Ein Schlüsselelement ist *Komplexität,* formal definiert als Anzahl und Verschiedenartigkeit der in einer Umwelt enthaltenen Elemente. Je zahlreicher und unterschiedlicher diese sind, umso höher ist der Komplexitätsgrad. Doch es gibt ein Optimum und damit nicht nur eine Unter- sondern auch eine Überkomplexität. Ein überkomplexes Bauwerk sieht so aus: „High levels of complexity created by variety and intensity lead to an overabundance of stimulation. The sheer diversity of elements and size of the space combine to overload the senses. The space lacks any strong unifying theme or pattern" (Evans und McCoy 1998, S. 86). Große und kleine Fenster, besondere Türen, aus unterschiedlichen Farben oder Materialien hergestellte Muster, Vorsprünge, Säulen, abwechslungsreiche Fassaden, Ausformungen, Figuren, Zierleisten, Ornamente, Dach- und Hausformen sind Elemente, um Verschiedenartigkeit zu erzeugen und den Komplexitätsgrad zu erhöhen. Unterkomplex sind dagegen gebaute Umwelten, die aus nur wenigen verschiedenartigen Teilen bestehen, z. B. aus einfarbigen, schlichten, gleichförmigen Häuserblocks ohne jeden Dekor.

Dass vermieden werden sollte, gebaute Umwelten allzu schlicht zu gestalten, lässt sich aus der Ästhetiktheorie des Vandalismus ableiten, nach der Beschädigungen, Sachzerstörungen und unerwünschtes Graffiti auf Unterkomplexität zurück zu führen sind. Es wird in erster Linie das beschädigt und bemalt, was übermäßig schlicht und reizarm wirkt. Kahle graue Betonwände fordern geradezu dazu auf, sie farbiger zu machen. Eine präventive Maßnahme ist deshalb, gebaute Umwelten weniger monoton zu gestalten, sodass es nicht zu einer unerwünschten Komplexitätserhöhung kommt (Flade 1996).

Bäume machen gebaute Umwelten komplexer und damit auch schöner, denn inmitten der gebauten Umwelt sind sie ein Element, das zur Vielfalt beiträgt. Dass Bäume dies vermögen, haben Lohr und Pearson-Mims (2006) in einem Experiment demonstriert. Sie zeigten Versuchspersonen Bilder von schematisierten gebauten Umwelten mit und ohne Baum (Abb. 2.4). Der ästhetische Eindruck wurde mit der Aussage „Ich denke, diese Szenerie ist attraktiv" erfasst, zu der

Abb. 2.4 Gebaute Umwelt mit und ohne Baum (Lohr und Pearson-Mims 2006, S. 674)

die Versuchspersonen auf einer Skala von 1 (= stimmt überhaupt nicht) bis 5 (= stimmt genau) ihren Eindruck wiedergeben sollten.

Die Bildszenen ohne Baum wurden mit einem Mittelwert von 1,97 als am wenigsten attraktiv beurteilt; bei den Bildern mit Baum lag der mittlere Wert mit 2,78 signifikant höher. Auch die Art der Bäume ist nicht unwichtig. So wurden Bäume mit ausladenden Baumkronen am besten beurteilt, was die Forscher evolutionstheoretisch erklärten: Bäume mit dachartig ausgebreiteten Baumkronen schützten die Menschen in Urzeiten vor sengender Sonneneinstrahlung. Offensichtlich rufen sie auch heute noch Assoziationen an ein schützendes Dach hervor.

Komplexität lässt sich mit unterschiedlichen Elementen erzeugen. Stamps (2000) hat das Ausmaß an Komplexität schematisierter Gebäudesilhouetten durch Variation der Zahl der Ecken bzw. Richtungsänderungen, der Längen der jeweiligen Teilstrecken, der Winkel und der Symmetrie variiert. Ein klares Ergebnis war, dass der ästhetische Eindruck mit der Zahl der Ecken korreliert. Einer gleichförmigen Gebäudereihe fehlt die Komplexität. Deutlich war auch, dass Symmetrie Komplexität reduziert. Daraus lässt sich ableiten, dass unterkomplexe

Bauwerke eher eine asymmetrische Gestaltung vertragen als hochkomplexe Bauwerke.

Mystery ist wie Komplexität ein Schlüsselelement des ästhetischen Eindruck. „Mystery" lässt sich mit Rätselhaftigkeit, Ungewissheit und Geheimnis umschreiben. Es ist „the degree to which a scene contains hidden information so that one is drawn into the scene to try to find out this information" (Bell et al. 2001, S. 45). Ähnlich heißt es bei Evans und McCoy (1998): „Mystery, the promise of further information, invites the user to explore the scene further" (S. 86). Man wird „hineingezogen" und motiviert, das Verborgene ans Tageslicht zu holen.

Mystery spielt in der Bildkunst eine große Rolle, was der Fotograf Josef Koudelka auf den Punkt gebracht hat: „In every good photo there must be a mystery something that cannot be explained"[1].

Ein Verringern der Helligkeit ist besonders wirkungsvoll, um Mystery zu erzeugen (Stamps 2007). Das „Nachtleben" ist nicht zuletzt wegen der Dunkelheit spannend. Bäume machen gebaute Umwelten nicht nur komplexer, sondern zugleich auch geheimnisvoller, indem sie etwas Dahinterliegendes verbergen (Ikemi 2005). Eine hügelige Topographie, die Teilbereiche verdeckt, enthält mehr Mystery als eine flache völlig überschaubare Ebene. Kurvenförmige Straßen werden als weitaus interessanter erlebt als schnur gerade verlaufende Straßen (Nasar und Cubukcu 2011).

Zu viel Mystery sollte jedoch vermieden werden, denn dann könnte das Geheimnisvolle zu etwas Unheimlichem werden, auf das emotional negativ reagiert wird. „Mystery…is intriguing…" Reported correlations of rated mystery with rated pleasure have ranged from −,45 to+,95, leaving the mystery of environmental mystery a wide-open mystery (Stamps 2007, S. 165). Negative Korrelationen sind Ausdruck einer furchterregenden Mystery. Ob es ein Zu viel an Mystery ist, hängt nicht nur davon ab, ob ein Mensch ängstlich ist, sondern auch vom Kontext und der Tageszeit. Städtische Umwelten werden eher als unheimlich und unsicher wahrgenommen (Herzog und Miller 1998), sodass Mystery in städtischen Räumen eher sparsam dosiert sein sollte. Durch Beleuchtung in Zeiten der Dunkelheit wird der Eindruck des Unheimlichen gemildert (Flade 2019).

Was macht den Wert schöner Umwelten aus? Eine als schön erlebte Umgebung fördert soziale Interaktionen, sie trägt zu einem sozialen Leben

---

[1]https://de.leica-camera.com/Die-Leica-Welt/Leica-News/Global/2020/Josef-Koudelka

bei: In Wohnumgebungen, in denen es Bäume, Blumen und Grünflächen statt asphaltierter Flächen und sich aneinander reihender Garagen gibt, halten sich die Bewohner häufiger und länger auf und reden mehr miteinander (Sullivan et al. 2004). Die emotionale Ortsverbundenheit ist bei den Bewohnern stärker ausgeprägt, die ihre Wohnumwelt schön finden (Bonaiuto et al. 1999). Ein schönes Aussehen ist somit keine Nebensächlichkeit.

Zusammenfassend
Die Umweltästhetik befasst sich mit der Frage, was Umwelten auszeichnet, die als schön wahrgenommen werden. Merkmale bevorzugter Umwelten sind Kohärenz, Lesbarkeit, Komplexität und Mystery. Diese Merkmale bewirken zweierlei: dass man die Umwelt versteht und dass man motiviert wird, das darin Verborgene, nicht sofort Sichtbare zu erkunden.

2.5   Privatheit

Menschen streben danach, ihre Umwelt kontrollieren zu können (Fischer und Stephan 1996). Dazu zählt auch die Kontrolle der sozialen Beziehungen. Im Unterschied zu dem alltagsweltlichen Begriff von Privatheit als Rückzug und Alleinsein wird Privatheit in der Psychologie definiert als Kontrolle der Grenze zwischen dem eigenen Selbst und anderen Menschen (Altman 1975). Es geht um ein Kontrollieren in *beide* Richtungen: selbst bestimmen können, ob man sich verschließt oder öffnet. Ein Kontrollverlust kann deshalb sowohl Sozialstress (zu viel Zusammensein) als auch Einsamkeit (zu viel Alleinsein) nach sich ziehen. Rückzug bedeutet, sich verschließen und dann aus sozialen Rollen heraus und „being off stage" sein können.

Gebaute Umwelten, in denen man selbstbestimmt zwischen Alleinsein und Zusammensein wählen kann, gewährleisten Privatheit, wobei es vor allem um visuelle und akustische Privatheit geht, d. h. sich den Blicken und Geräuschen anderer Menschen entziehen oder, sofern man es will, auch aussetzen können. Visuelle Privatheit ist auch in Arbeitsumwelten von Bedeutung, denn davon hängen die Arbeitszufriedenheit und die Arbeitsleistung ab, wie Yildirim et al. (2007) durch Vergleich von zwei Firmen in Großraumbüros festgestellt haben. In Firma 1 hatten die Trennwände zwischen den individuellen Arbeitsplätzen eine Höhe von 1,20 m, in Firma 2 waren sie 20 cm höher (Abb. 2.5). Die Angestellten in Firma 2 waren mit ihren Arbeitsbedingungen erheblich zufriedener als die Angestellten in Firma 1, was damit erklärt wurde, dass man den Blicken

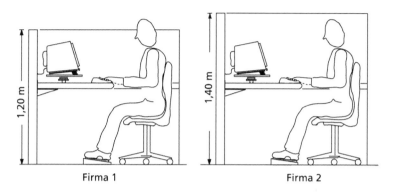

Firma 1   Firma 2

Abb. 2.5 Visuelle Privatheit am Arbeitsplatz (Yildirim et al. 2007, S. 158)

der anderen nicht preisgegeben und vor unerwünschten Geräuschen und Ablenkungen eher geschützt ist, wenn die Trennwände ausreichend hoch sind.

Ein Ort, von dem man erwartet, dass er ein hohes Ausmaß an Privatheit bietet, ist die eigene Wohnung oder das Haus. Die Bewohner können entscheiden, ob sie Außenstehende hineinlassen wollen oder nicht. Das bauliche Element, das diese Kontrolle ermöglicht, ist die Wohnungs- bzw. Haustür. Innerhalb des Hauses ist es die Raumaufteilung. Ein einzelner großer Raum in einer Wohnung, in der mehr als eine Person lebt, bietet zwar großräumige Weite, aber keine Privatheit. Wie viel Kontrolle möglich ist, hängt indessen nicht nur vom Wohnungsgrundriss, sondern auch von der Zahl der Bewohner ab. Eine Wohnung, in der mehr Personen leben als es Räume gibt, ist in diesem Sinne „overstaffed" (vgl. Abschn. 2.1). Man ist ungewollt mehr zusammen als einem möglicherweise lieb ist.

In den herkömmlichen *realen* Umwelten stellt sich die Frage nach der visuellen und akustischen Privatheit. In *smarten* Umwelten geht es um informatorische Privatheit, d. h. kontrollieren zu können, welche Informationen über einen selbst anderen Menschen bekannt werden (Bauriedl und Strüver 2018). Die Bewohner des Smart Home liefern fortlaufend Daten über sich selbst an IT-Unternehmen, welche die Daten verwerten, ohne dass ihnen das bewusst wird; über das digitales Equipment sind sie permanent erreichbar oder stehen unter dem Druck, dieser neuen sozialen Norm entsprechend jederzeit erreichbar zu sein. In smarten Umwelten, dem Bereich, in dem Architektur und Stadtplanung und Informations- und Kommunikationstechnologie zusammen treffen, ist die informatorische Privatheit ein neu auftauchender Aspekt.

Zusammenfassend
Privatheit wird definiert als Kontrolle der Grenze zwischen dem eigenen Selbst und den anderen Menschen. Privatheit bedeutet nicht nur Rückzug, sondern darüber hinaus selbst bestimmen können, ob man allein oder zusammen sein will. Wie viel Rückzug und Öffnung nach außen in der gebauten Umwelt möglich sind, hängt von baulichen Elementen ab, mit denen der Zugang kontrolliert werden kann. Bislang ging es bei der Herstellung gebauter Umwelten vor allem um die Gewährleistung der visuellen und akustischen Privatheit. Mit dem Smart Home und der Smart City stellt sich zunehmend auch die Frage nach der informatorischen Privatheit.

2.6 Territorialität

Warum sollten zwischen privatem und öffentlichem Raum gelegene Übergangsbereiche auf keinen Fall entfallen, auch wenn die Flächen zum Bebauen knapp sind und man sie maximal ausnutzen möchte? Eine Antwort liefern zum einen negative Erfahrungen, darunter die spektakuläre Fehlplanung Pruitt Igoe, wo man einmal geglaubt hatte, diese Zwischenbereiche einsparen zu können (siehe unten), zum anderen das Territorialitätskonzept. Im Unterschied zur Privatheit ist Territorialität kein ausschließlich soziokulturelles Produkt, sondern hat einen biologischen Ursprung: Tiere besetzen und verteidigen Reviere, in denen es Nahrung und Wasser gibt, in denen sie Gefahren besser abwehren und in denen sie ein geschütztes Nest bauen können (Taylor 1988). Für den Menschen haben territoriale Regelungen außer der Sicherstellung knapper Ressourcen, der Abwehr von Bedrohungen und dem Streben nach Sicherheit sowie der Aufzucht der Nachkommen die Funktion, ein konfliktarmes Miteinander zu ermöglichen. Räumliche Ordnungsstrukturen beugen Konflikten vor, sofern die Vorstellungen über deren Zugänglichkeit, Nutzungsrecht und Nutzungsart übereinstimmen. Sie ergänzen oder ersetzen Verbote und Vorschriften wie „Betreten verboten!"

Ansatzpunkt ist die Unterteilung in drei Teilbereiche, die sich hinsichtlich ihrer Zugangs- und Nutzungsrechte unterscheiden. Die als primäre, sekundäre und öffentliche (tertiäre) Territorien bezeichneten Teilbereiche unterscheiden sich hinsichtlich der Dauer der Inanspruchnahme, dem Ausmaß der Personalisierung und den Reaktionen auf Grenzverletzungen (Tab. 2.2).

Die Bedeutung eines solchen differenzierten räumlichen Gefüges liegt darin, dass es normativ wirkt und zu geregelten sozialen Interaktionen beiträgt. Das, was in primären Territorien erlaubt ist, wie z. B. das Geigenspiel üben, wird in öffentlichen Territorien nicht akzeptiert – es sei denn, es ist ein Straßenmusikant,

Tab. 2.2 Arten von Territorien (Ausschnitt aus Hellbrück und Fischer 1999, S. 337)

Territorium	Dauer der Inanspruchnahme	Ausmaß der Personalisierung/Verteidigung
Primär	Fortgesetzt	Starke Personalisierung, unerlaubtes Eindringen Fremder wird als schwerer Verstoß angesehen
Sekundär	Vorübergehend	Begrenzte Personalisierung während der Nutzung, zeitlich begrenzte Verteidigung
Öffentlich (tertiär)	Kurzzeitig	Keine Personalisierung, geringe oder keine Verteidigungsbereitschaft

der das Geigenspiel beherrscht. „Territoriality refers to the legitimate users' sense of ownership or appropriation which reduces the opportunities for offending by discouraging illegitimate users … Territoriality aims to eliminate unassigned spaces and ensure that all spaces have a clearly defined and designated purpose" (Montoya et al. 2016, S. 519).

Die eigene Wohnung ist ein primäres Territorium, über das die Bewohner dauerhaft verfügen und das ausschließlich sie nutzen können, was eine weitgehende Personalisierung ermöglicht. Das im Grundgesetz verankerte Recht auf die „Unverletzlichkeit der Wohnung" untermauert diesen Anspruch und bekräftigt, dass das unerlaubte Betreten eines primären Territoriums ein schwerer Verstoß ist.

Sekundäre Territorien sind räumliche Bereiche, die für eine bestimmte Zeitspanne und bestimmte Zwecke von den zugangsberechtigten Personen genutzt werden können. Zeitdauer und Zweck sind sehr unterschiedlich. Beispiele sind Bibliotheken, Spielplätze, Kindertagesstätten, Gemeinschaftsräume in Wohnanlagen, Clubräume, Sportstätten, Museen, Theater und Konzerthäuser. Berechtigt sind diejenigen, die einen Bibliotheksausweis oder eine Eintrittskarte besitzen, die ein bestimmtes Alter haben, die zur Nachbarschaft gehören oder Mitglied in dem Verein sind. Das gemeinsame Merkmal dieser ganz unterschiedlichen Bereiche ist, dass nur bestimmte Gruppen zugangsberechtigt sind. In öffentlichen Territorien gibt es die Unterscheidung zwischen Berechtigten und Nicht-Berechtigte nicht. Das Nutzungsrecht bezieht sich auf Gruppen, in primären Territorien auf Individuen.

Wohnumwelten, das Insgesamt aus Wohnung und Wohnumgebung, unterscheiden sich von anderen Umwelten dadurch, dass sie immer ein primäres Territorium, nämlich die Wohnung, enthalten. Die räumliche Struktur der Wohnumgebung ist je nach Art der Bebauung, dem Gebäudetyp und der Siedlungsform unterschiedlich.

Ein privater Garten ist primäres, ein Gemeinschaftsgarten sekundäres Territorium. Sofern er kein öffentlicher Durchgangsweg ist, sondern in eine Sackgasse mündet, ist der Bereich zwischen Häuserzeilen in der Wahrnehmung der Anwohner sekundäres Territorium.

Öffentliche Territorien sind Orte wie Parks, Straßen, Läden und Plätze, zu denen jeder Zutritt hat. Anonymität – die meisten Menschen sind einander fremd – befreit zwar von sozialer Kontrolle, kann aber auch verunsichern. Dies gilt vor allem an den „hot spots of fear", den Orten im öffentlichen Raum, die öfter als andere Orte Unsicherheitsgefühle hervorrufen (Fisher und Nasar 1993; Nasar und Jones 1997). Man kennt die anderen nicht und weiß nicht, was sie im Schilde führen. Orte, die als unsicher und damit als „unpleasant" erlebt werden, werden gemieden und entwickeln sich zu No-go-Areas. Strategien, um das zu verhindern, sind:

- Man beseitigt die Merkmale, die Unsicherheit verursachen: Dunkle Plätze und Wege werden beleuchtet, ein Sicht behinderndes dichtes Gebüsch wird gelichtet, man verstärkt das Sicherheitspersonal.
- Man wandelt öffentliches in sekundäres Territorium, indem man die Zugänglichkeit beschränkt.

Das Umwandeln kann mehr oder weniger deutlich sein. Ansatzweise geschieht es bereits durch Überdachen: Eine Einkaufsmeile, die von einem Dach überspannt ist, wirkt weniger öffentlich als eine Straße mit Geschäften unter freiem Himmel.

Einschneidend ist die Umwandlung eines zum öffentlichen Raum hin offenen Wohngebiets in Gated Communities sowie die Privatisierung des öffentlichen Raums in Geschäftszentren und Malls, die definierten Zutrittsregeln unterliegen (Rüthers 2015). Auf ihre Sicherheit bedachte wohlhabende Menschen ziehen sich in umzäunte, mit Überwachungsanlagen versehene Gated Communities zurück. Wie Wilson-Doenges (2000) in einer Untersuchung in Nordamerika ermittelt hat, fühlen sich die in den Gated Communities lebenden Bewohner erheblich sicherer verglichen mit den außerhalb davon Wohnenden. Sie beurteilen ihre Wohnumwelt als ruhiger, sauberer und gepflegter. Für sie sind der Gated Communities auch deshalb von Vorteil, weil sie das soziale Leben in der als passend erlebten homogenen Nachbarschaft fördern. Aus kommunaler Sicht sind diese abgegrenzten Wohnkomplexe Ausdruck einer zunehmenden sozialräumlichen Segregation und sozialen Polarisierung (Glasze 2003; Wilson-Doenges 2000).

Die abgegrenzten Gated Communities sind in ihrer Gesamtheit sekundäre Territorien. In den herkömmlichen städtischen Wohngebieten mit einer sozial heterogenen Bevölkerung haben sekundäre Territorien eine andere Funktion.

Sie sind hier kein Ausschnitt aus dem öffentlichen Raum, sondern ein Übergangsbereich zwischen dem primären und dem öffentlichen Bereich. Wie wichtig solche Zwischenräume sind, machen die Folgen, wenn sie fehlen, sichtbar. In der Großwohnsiedlung Pruitt Igoe in St. Louis/Mississippi war dieser Fehler gemacht worden. Das Fazit war, dass eine solche Siedlung ohne sekundäre Territorien nicht funktioniert. Sie wurde nach weniger als 20 Jahren seit ihrer Errichtung gesprengt. In der Planungsphase war die Siedlung von Fachleuten gelobt worden, weil kein Platz für vermeintlich überflüssige räumliche Bereiche verschwendet worden war (Bell et al. 2001, S. 357). Doch genau diese Sparsamkeit war ein Grund für das spätere Desaster gewesen. Es fehlten die Gelegenheiten für soziale Kontakte und Kommunikation mit den Nachbarn und die Herausbildung einer sozialen und örtlichen Verbundenheit. Die Erkenntnis war: Man darf vor allem in größeren Stadtentwicklungsprojekten nicht so dicht bauen, dass die Zwischenräume zwischen privater Wohnung und öffentlichem Raum zusammenschrumpfen oder wegfallen, weil damit das soziale Leben vor der Wohnungstür, das sich in diesen Übergangsbereichen entfaltet, zum Erliegen kommt. Ohne die als Zwischenbereiche fungierenden sekundären Territorien kann sich eine soziale Ortsverbundenheit (bondedness) nur schwer entwickeln.

Zusammenfassend

Differenzierte räumliche Strukturen sind eines der Mittel, die Zugänglichkeit und das Nutzungsrecht zu regeln. Territoriale Strukturen ermöglichen ein konfliktarmes Miteinander, sie beugen Konflikten vor. Unterschieden wird dabei zwischen primären, sekundären und öffentlichen Territorien. Unsicherheitsgefühlen in öffentlichen Territorien kann durch Verringerung von allzu viel Mystery sowie durch Einschränkung der Zugänglichkeit vorgebeugt werden. Gated Communities sind sekundäre Territorien mit strikten Zugangsbeschränkungen. Sekundäre Territorien in herkömmlichen Wohngebieten sind Übergangsbereiche zwischen primärem Territorium und dem öffentlichen Raum, die für das soziale Leben in der Wohnumgebung unverzichtbar sind.

2.7 Beengtheit und Distanzverhalten

Eine hohe bauliche Dichte ist charakteristisch für Städte. Wenn immer mehr Menschen in großen Städten leben und immer weniger in ländlichen Regionen, Dörfern und kleinen Ortschaften, ist bauliches Verdichten kaum zu vermeiden. Brach- und Freiflächen werden zu Bauland, es wird in die Höhe gebaut, weitere Stockwerke werden auf bestehende Gebäude gesetzt und Abstandsflächen und

Zwischenräume minimiert. Es fragt sich jedoch, wie Menschen auf räumliche und soziale Dichte reagieren. Tierexperimentelle Studien haben ergeben, dass eine Erhöhung der Dichte bislang funktionierende soziale Strukturen zerstören kann (Bell et al. 2001, S. 296 ff.). Auch wenn aus diesen Ergebnissen nicht ohne Weiteres auf menschliche Gemeinschaften geschlossen werden kann, sind sie doch ein Warnsignal.

Dichte ist ein objektives Maß, das ein Verhältnis ausdrückt. Die Quadratmeter Wohnfläche oder die Zahl der Wohnräume bezogen auf die Zahl der Haushaltsmitglieder sind ein Maß für die Wohndichte, das aussagt, wie viel Platz ein Mensch durchschnittlich in seiner Wohnung hat und wie räumlich nah im Mittel die Mitbewohner sind. Wer in Deutschland allein in einer Wohnung lebt, verfügt im Durchschnitt über mehr als doppelt so viel Wohnfläche (66,7 m^2) wie jemand in einem Haushalt mit drei und mehr Personen (30,6 m^2) (destatis 2016). Wer allein wohnt, erlebt zwar weniger Beengtheit und zugleich Sozialstress, aber unter Umständen mehr Einsamkeit (vgl. Abschn. 2.5).

Die objektive Dichte lässt sich problemlos bestimmen und festlegen. So wird die bauliche Dichte im Außenraum mit den Dichtemaßen Grundflächenzahl (GRZ = Verhältnis von bebauter Fläche zur Grundstücksfläche) und Geschossflächenzahl (GFZ = Verhältnis der Summe der Geschossflächen zur Grundstücksfläche) beschrieben. Mit diesen beiden Maßen wird klar ausgesagt, wie viel Grundstücksfläche frei bleiben muss und wie hoch die Gebäude sein dürfen.

Es hängt sowohl von den soziokulturellen Normen und vom Gebietstyp als auch von den daraus hervorgehenden subjektiven Normen ab, welche GRZ und GFZ bzw. bauliche Dichte als normal gelten. In den Megacities in Asien herrschen andere Normen als in westeuropäischen Städten und in Innenstädten sind höhere Dichten normal als in den Vororten. Weil die Akzeptanz baulicher und sozialer Dichte am Maßstab der kulturell und örtlich geltenden Normen gemessen wird, ist eine Differenzierung zwischen objektiver (density) und erlebter Dichte (crowding) erforderlich, denn objektive und erlebte Dichte sind nicht identisch. „Central to the analysis is the distinction between density, a physical condition involving the limitation of space, and crowding, an experiential state in which the restrictive aspects of limited space are perceived by the individuals exposed to them" (Stokols 1976, S. 50). Die erlebte Dichte – auch als Engerleben, Beengtheit, Engegefühl, Engestress und Crowding bezeichnet – ist der Eindruck, dass die in einem Raum herrschende Dichte ein zu akzeptierendes Niveau überschreitet. Es ist „das Erleben von Beengung bzw. Überfüllung…, verbunden mit dem Gefühl von Belastung und Stress" (Hellbrück und Kals 2012, S. 75). Die Folgen sind

- ein sensorisches und informatorisches Overload: Wenn sich Menschen auf wenig Raum zusammendrängen, ist eine Überstimulation unvermeidlich. Besonders störend sind unerwünschte Schalleinwirkungen und Geruchsbelästigungen, gegen die man sich nicht abschirmen kann,

- Verhaltenseinschränkungen: Der individuelle Handlungsraum schrumpft zusammen; Handlungsabläufe werden gestört oder unterbrochen; Raum und Ressourcen müssen geteilt werden; manche Aktivitäten können überhaupt nicht ausgeübt werden.

Überstimulation und Informationsüberflutung und Verhaltensrestriktionen verursachen Stress. Folgen können Gereiztheit, Apathie, Kontrollverlust und Hilflosigkeit, verringerte Empathie, ein schwindender Gemeinsinn und gesteigerte Aggressivität sein. Darüber hinaus kann Beengtheit Unsicherheitsgefühle hervorrufen, weil man sich wegen eingeschränkter Aktionsmöglichkeiten als hilflos empfindet.

Die zentrale Frage ist damit, wie die negativen Folgen hoher baulicher Dichte vermieden werden können. Ein Ansatz ist, den Eindruck von Umschlossenheit zu reduzieren. Aufschlussreich ist hier ein Experiment von Stamps (2005), in dem er bauliche Dichte durch Umschlossenheit (enclosure) mit massiven Wandteilen simuliert hat. Die Versuchspersonen bekamen Bilder gezeigt, auf denen massive Blöcke mehr oder weniger zusammengerückt und mit mehr oder weniger Öffnungen dazwischen abgebildet waren. Jede Bildszene sollte im Hinblick auf den Eindruck von Umschlossenheit und der Sicherheit, die man in einer entsprechenden realen Umwelt wahrscheinlich erleben würde, beurteilt werden. Wahrgenommene Umschlossenheit und Unsicherheitsgefühl korrelierten hoch signifikant. Wände und Mauern, die den Menschen eigentlich schützen sollen, können genau das Gegenteil bewirken, wenn man sich nämlich eingeschlossen fühlt. Ein wichtiges Ergebnis war, dass Öffnungen den Eindruck von Umschlossenheit mildern und damit auch Unsicherheitsgefühle verringern können. In einem weiteren Experiment stellte Stamps (2009) fest, dass Engegefühle umso seltener sind, je weiträumiger die Fläche zwischen den zu beiden Seiten aufragenden Gebäuden ist. Wenn diese Weiträumigkeit nicht herstellbar ist, sind Öffnungen umso wichtiger. Fenster lassen nicht nur natürliches Licht herein, sie können auch Engegefühle verringern, indem sie einen Ausblick auf die Umgebung bieten und diese Umgebung in das Setting einbezogen wird. In Büroumwelten erhöht ein Arbeitsplatz am Fenster oder in Fensternähe die Arbeitszufriedenheit und das Wohlbefinden der Angestellten (Leather et al. 1998; Yildirim et al. 2007).

Die Bedeutung eines Ausblicks betont auch die Prospect-Refuge Theorie, die besagt, dass die wahrgenommene Sicherheit und damit auch das Wohlbefinden

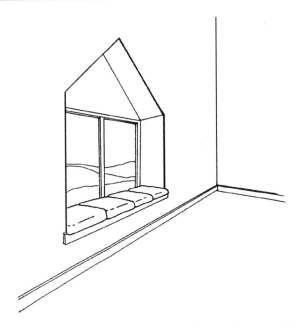

Abb. 2.6 Fensternische: Ausblick und Geborgenheit (Evans und McCoy 1998, S. 91)

davon abhängen, inwieweit man die Umgebung überblicken kann. Der zweite maßgebliche Faktor ist ein Schutz bietender Raum, in den man sich, wenn Gefahr droht, flüchten kann (Fisher und Nasar 1992; Nasar und Jones 1997). Eine Nische in einem Innenraum mit einem Fenster bietet beides (Abb. 2.6). Man fühlt sich geborgen und geschützt und kann aus dieser vorteilhaften Position heraus die Umgebung überblicken.

Beengtheit bedeutet einen Verlust an Kontrolle. Die anderen rücken näher an einen heran, als einem lieb ist. Welche Nähe jeweils akzeptiert wird, variiert mit der Art der sozialen Beziehung. Gifford (2007) hat vier Distanzzonen beschrieben:

- die intime Distanz (bis 0,45 m), bei der enge körperliche Kontakte akzeptiert werden,
- die personale Distanz (0,45 bis 1,20 m), die typisch ist für Kontakte zwischen Freunden und Begegnungen mit bekannten Menschen,

- die soziale Distanz (1,20 bis 3,50 m), die bei unpersönlichen und geschäftsmäßigen Beziehungen üblich ist,
- die öffentliche Distanz (ab 3,50 m), die man gegenüber Fremden einzuhalten bestrebt ist.

Das sichtbare Abstandsverhalten ist ein Kommunikationsmittel, das etwas über die Art der sozialen Beziehung zwischen Menschen aussagt, *sofern der Abstand frei gewählt werden kann*. Bei hoher Dichte oder Vorschriften, welche Abstände einzuhalten sind, hat der zwischenmenschliche Abstand keine Kommunikationsfunktion mehr.

Zusammenfassend
Erlebte Dichte (crowding) ist im Unterschied zur objektiven Dichte (density) abhängig von sozialen und subjektiven Normen. Erlebte Dichte ist der Eindruck, dass die in einem Raum herrschende Dichte ein zu akzeptierendes Niveau überschreitet. Folgen sind Überstimulation und Informationsüberflutung sowie eingeschränkte Handlungsmöglichkeiten, was sich negativ auf das Erleben und Verhalten auswirkt. Fenster können Engegefühle verringern. Hohe Dichten schränken di Möglichkeiten ein, die Abstände zu anderen Menschen selbst bestimmen zu können.

2.8 Umweltaneignung

Umweltaneignung setzt Umweltkontrolle voraus: die Überzeugung, dass man Einfluss auf seine Umwelt nehmen kann. Menschen sind bestrebt, Ereignisse und Zustände ihrer Umwelt *kontrollieren,* d. h. beeinflussen, vorhersagen und erklären zu können (Fischer und Stephan 1996). „Control is defined…as mastery or the ability to either alter the physical environment or regulate exposure to one's surroundings" (Evans und McCoy 1998, S. 88). Wer keine Kontrolle hat, kann nicht selbstbestimmt handeln, er ist den Einflüssen der physischen und sozialen Umwelt mehr oder weniger hilflos ausgesetzt. Das Gegenteil trifft zu, wenn man Einfluss nehmen und sich die Umwelt aneignen kann. Eine sehr weite Definition stammt von Graumann (1996), der alle auf die Umwelt gerichteten Handlungen als Umweltaneignung bezeichnet hat. Weil *Handeln* im Unterschied zum *Verhalten* – dem äußerlich beobachtbaren Tun – auch innerpsychische Vorgänge nämlich Handlungsabsichten, Zielvorstellungen und die Antizipation von Handlungsergebnissen umfasst (Boesch 1998), lässt eine angeeignete Umwelt auf die Vorlieben und Absichten eines Menschen rück schließen. Genau dies sagt das Sprichwort aus: „Sage mir, wie du wohnst, und ich sage dir, wer du bist".

Bezogen auf das Basiskonzept der Wechselbeziehung zwischen Mensch und Umwelt mit den beiden Wirkrichtungen:

- Umwelt > Mensch
- Mensch > Umwelt,

geht es bei der Umweltaneignung um die Wirkrichtung *Mensch > Umwelt.* Dabei ist zu beachten, dass es neben der psychologischen Ebene: *Der einzelne Mensch* macht sich die Umwelt zu eigen, auch noch die historisch-anthropologische Ebene der kollektiven Umweltaneignung gibt: *Die Menschheit* macht sich die natürlichen Ressourcen zunutze und schafft sich eine Existenzgrundlage und ein Habitat in Form gebauter Umwelten. Die Ausbeutung der Natur als Rohstoffspender, die Domestikation von Tieren und die Eroberung und Unterwerfung anderer Länder und Völker und die Umwandlung natürlicher in gebaute Umwelt sind Umweltaneignungen der Menschheit. Die psychologische Ebene bezieht sich auf den Menschen als Einzelwesen, das sich die Umwelt sowohl kognitiv als auch faktisch zu eigen macht. Ein kognitives Aneignen ist die Erforschung des Raumes sowie das mentale Abbilden, Kategorisieren und Benennen von Orten und Räumen (Graumann 1996). Der Mensch, der sich die Umwelt kognitiv aneignet, ändert die Umwelt nicht; er selbst wird ein anderer, indem er klüger wird. Umweltmerkmale spielen dabei eine wesentliche Rolle, denn wie leicht es fällt, Wissen über die Umwelt und über Raumstrukturen zu erwerben, hängt von Umweltmerkmalen ab (vgl. Abschn. 2.2).

Die faktische Umweltaneignung bzw. „Personalisierung" hinterlässt sichtbare Spuren. Individuelle Aktivitäten in dieser Richtung sind nicht unbegrenzt möglich, sondern im Allgemeinen auf primäre Territorien beschränkt (vgl. Abschn. 2.6). Gemeint ist auch nicht eine Veränderung der „hard architecture", sondern eine Gestaltung der „soft architecture". Mit der „hard architecture" hat Martin (2002) die fest eingebauten Bestandteile wie tragende Wände, Fenster, Türen, Heizkörper, Spülbecken, Steckdosen und Einbauschränke usw. bezeichnet. Die „soft architecture" ist die Art der Raumnutzung und Einrichtung. Die vorgegebene „harte Architektur" kann ein Aneignen erleichtern z. B. dadurch, dass Räume nutzungsoffen angelegt werden. Ein Beispiel ist ein Klassenzimmer, das geräumig genug ist, um die nicht fest installierten Tische und Bänke anders anzuordnen, und in dem die Wände genutzt werden können, um die Bilder der Schüler aus dem Kunstunterricht aufzuhängen. Das Ergebnis ist ein unverwechselbarer Klassenraum.

Angeeignete Umwelt bekommt eine persönliche Bedeutung, denn man hat selbst zur Gestaltung beigetragen, sodass etwas von einem selbst darin enthalten ist, mit dem man sich identifiziert. Was ist damit gemeint? Identifikation meint, etwas als eigenes, zu einem Gehörendes zu erleben. Als Orts-Identität („Wo komme ich her?" „Wo lebe ich?") ist die Identifikation mit einem Ort Bestandteil der Ich-Identität („Wer bin ich?") (Fuhrer 2008). Eine angeeignete Umwelt festigt nicht nur die emotionale Ortsverbundenheit sondern auch die Orts-Identität.

Ein Hindernis, das sich einer individuellen Aneignung der Umwelt auch dort, wo es Gelegenheiten geben würde, in den Weg stellt, ist die Befürchtung, dass man es nicht kann oder es nicht richtig macht, sodass man einen Einrichtungs-experten oder professionellen Gartengestalter beauftragt. Es kann auch das Bedürfnis nach Zugehörigkeit sein; weil man nicht abseits stehen möchte, macht man es so wie alle anderen. Nohl (2003) hat als Beispiel die Gestaltung von Schrebergärten angeführt: Die im Prinzip vorhandenen Gestaltungsspielräume werden kaum genutzt, stattdessen herrscht Konformität vor, erkennbar daran, dass sich die Gärten samt Gartenhaus stark ähneln.

Unabhängig davon, dass sich die Menschen in der Gewichtung von Ich- und sozialen Bedürfnissen und in der Überzeugung, inwieweit sie etwas können und richtig machen, unterscheiden, sind Gelegenheiten der Umwelt-aneignung ein Angebot, das genutzt werden kann. Dass es diese Gelegen-heiten geben sollte, hat der Architekt Amos Rapaport, ein Mitbegründer der Environment-Behavior-Studies (EBS), bereits in den 1960er Jahren propagiert: „…architects should leave more room for the users of houses to exert an influence on the finished product" (vgl. Canter 1969, S. 41).

Zusammenfassend

Nicht nur die Umwelt wirkt auf den Menschen, sondern auch der Mensch macht etwas mit der Umwelt, indem er sie sich kognitiv und faktisch aneignet. Unter Umweltaneignung sind alle auf die Umwelt gerichteten Handlungen zu ver-stehen. Kognitives Aneignen ist die Erforschung des Raumes durch Wahrnehmen, mentales Abbilden, Kategorisieren und Benennen von Orten und Räumen. Die faktische Aneignung hinterlässt Spuren; die Umwelt wird verändert. Angeeignete Umwelten sind persönlich wichtig. Es ist etwas Selbstgemachtes, mit dem sich der Mensch identifiziert. Umweltaneignung wird durch Gelegenheiten wie z. B. nutzungsoffene Räume gefördert. Inwieweit diese Gelegenheiten genutzt werden, hängt davon ab, ob man sich für kompetent hält und wie ausgeprägt das Bedürf-nis ist, zugehörig zu sein.

2.9   Erholumwelten

Auf dem Internationalen Kongress für neues Bauen, der 1933 in Athen stattfand, wurde von Architekten und Stadtplanern als neues städtebauliches Leitbild die Trennung der Funktionen Wohnen, Arbeiten, Erholen und Verkehr proklamiert, das einige Jahre später von Le Corbusier als „Charta von Athen" veröffentlicht wurde (Lichtenberger 2002). Dass Erholung dazu gerechnet wurde, kann als Reaktion auf die in dieser Zeit beklagten ungesunden beengenden Lebensbedingungen in den Städten verstanden werden. Erholung verhieß die Wiederherstellung der körperlichen und mentalen Leistungsfähigkeit, des Wohlbefindens und eines physiologischen Normalzustands (Valtchanov und Ellard 2015). Ein Grund für die neue Aktualität ist die Verstädterung: Immer mehr Menschen leben in großen, naturfernen, baulich verdichteten Städten. Dass dieses Leben weniger erholsam ist, deutet ein Ergebnis von Lindall und Hartig (2013) an: „Greater building height affected restoration likelihood negatively" (S. 34). Der Blick richtet sich auf die Natur, weil sie als Kontrastwelt Erholung verheißt und weil der Erholeffekt der natürlichen Umwelt in zahlreichen Untersuchungen immer wieder aufs Neue bestätigt wurde.

Es erfordert ein hohes Ausmaß an Konzentration und strengt an, die Aufmerksamkeit längere Zeit auf eine Aufgabe oder Sache zu richten und Ablenkungen abzuwehren (Kaplan 1995). Das bewusste Blockieren und Ausblenden konkurrierender Eindrücke ist mental ermüdend. Damit einhergehende Folgen sind Unentschlossenheit, verringerte Selbstkontrolle und erschwertes Lernen. Die Frage ist deshalb, wie die Konzentrationsfähigkeit wieder erlangt werden kann (Crosson und Salmoni 2019). Dies geschieht durch den Aufenthalt in Umwelten, die faszinieren und auf diese Weise die unwillkürliche Aufmerksamkeit auf sich ziehen, für die keinerlei Willensanstrengungen nötig ist, sodass sich der Mechanismus der willkürlichen Aufmerksamkeit erholen kann. Dieser Prozess wurde als Aufmerksamkeitserholungstheorie bezeichnet (Kaplan 1995; Crosson und Salmoni 2019). Natürliche Umwelten sind geeignete Erholumwelten, indem sie faszinieren (Abb. 2.7).

Eine typische experimentelle Versuchsanordnung, um den Erholeffekt von Natur sichtbar zu machen, ist: Die Versuchspersonen werden durch eine Reihe von Testaufgaben, die schnelles Arbeiten und viel Konzentration erfordern, mental ermüdet. Danach folgt eine Pause in einer natürlichen oder gebauten Umwelt. Anschließend wird ihre kognitive Leistungsfähigkeit getestet. Wenn die „Natur-Gruppe" bessere Leistungen erbringt als die „Stadt-Gruppe", spricht das für die erholende Wirkung natürlicher Umwelten. Berto (2005) ist so vorgegangen, indem sie Versuchspersonen zu Beginn durch eine Reihe von Testaufgaben ermüdet hat.

Abb. 2.7 Aufmerksamkeitserholungstheorie (Grafik Niels Flade)

Danach wurden ihnen drei Bild-Serien präsentiert: Bilder mit Natur, mit gebauter Umwelt und mit geometrischen Mustern. Dann folgten erneut Testaufgaben. Die Versuchspersonen, die Natur-Bilder betrachtet hatten, schnitten in den nachfolgenden Tests signifikant besser ab. Sogar Abbildungen von Natur sind wirksam, wie Ziesenitz (2010) und Crossan und Salmoni (2019) bestätigt haben, die Versuchspersonen auf dem Laufband durch Umwelten mit unterschiedlichen Szenerien an den Wänden wandern ließen. Eine Naturkulisse beim Wandern fördert die Erholung.

Ein weiterer wichtiger Erholfaktor ist der „Tapetenwechsel", als „being away" bezeichnet (Tab. 2.3). Es ist ein räumliches oder ein psychologisches Entfernt sein oder auch beides zugleich (Laumann et al. 2001). Auch ein Stadtpark in der Nähe der Wohnung oder des Büros kann ein erholsames Anderswo sein.

Das Gefühl, weit weg von einer Welt voller Stress und Verpflichtungen, ermüdenden Routinen und Anforderungen zu sein, stellt sich eher in natürlichen als in gebauten Umwelten ein. Wirksam sind dabei sowohl das anregende Neue (novelty) des Anderswo als auch ein Entrinnen (escape) aus der Alltagswelt (Laumann et al. 2001).

Ein dritter Erholfaktor ist wahrgenommene Weite (extent), das Gegenteil von Beengtheit. Umwelten, die eine befreiende Weite statt Beengtheit und Raum, „to engage the mind" (Kaplan 1995, S. 17), bieten, sind erholsam. Diese Weite findet man kaum in Innenräumen und auch nicht in hoch verdichteten städtischen Außenräumen. Im großen Stadtpark geht man auch deshalb gern spazieren, weil er – abgesehen von einem being away – Weiträumigkeit bietet.

Tab. 2.3 Erholfaktoren (In Anlehnung an Korpela und Hartig 1996)

Erholfaktor	Konkrete Aussagen dazu
Faszination	Dieser Ort ist faszinierend für mich; hier kann ich den Anblick genießen und etliches entdecken
Weit weg sein (being away)	Der Eindruck, weit weg und dem Alltagsgeschehen entrückt zu sein; An diesem Ort kann ich alle Sorgen und Probleme hinter mir lassen und mich von allem befreien
Weite (extent)	Dieser Ort ist grenzenlos; Ein Gefühl von Befreiung und Weite
Kompatibilität	Das Gefühl, im Einklang mit der Umwelt zu sein und beabsichtigtes Verhalten realisieren zu können; dieser Ort passt zu mir; Hier kann ich das machen, was ich mir vorstelle

Kompatibilität, der vierte Erholfaktor, wird beschrieben als „the degree to which the affordances and requirements of the environment match and support the person's goals and inclinations" (Kelz et al. 2015, S. 120). Eine Umwelt ist für einen Menschen kompatibel, wenn sie zu seinen Bedürfnissen und Absichten passt. Dieser Faktor stellt besondere Ansprüche an die Gestaltung, denn was kompatibel ist, ist individuell unterschiedlich. Das heißt, dass eine Umwelt ein weites Spektrum an Gelegenheiten für vielerlei Aktivitäten bieten muss, um der Vielfalt an individuellen Bedürfnissen und Absichten gerecht zu werden. Auch hier ist der große Stadtpark, in dem man spazieren gehen, Sport treiben, Schach spielen, die Natur betrachten, den Sonnenschein genießen, Picknicken, den Hund ausführen, ausruhen, anderen zugucken, Kinder ungefährdet spielen und im Wasser plantschen lassen kann, ein Beispiel. Er besitzt in der Summe mehr Kompatibilität als ein Schaugarten mit exotischen Pflanzen, der höchst faszinierend ist, in dem man aber eben nur schauen kann.

Es sind, wie die *vier* Erholfaktoren zeigen, unterschiedliche Prozesse, die Erholung bewirken. Kleine Grünflächen, die weder befreiende Weite noch Kompatibilität für alle bieten, können wegen ihrer faszinierenden Bepflanzung erholsam sein. Große Parkanlagen bieten Weite und bei den dort möglichen vielfältigen Angeboten ein hohes Ausmaß an Kompatibilität. Inwieweit jedoch ein Park besucht wird, hängt ebenfalls vom sozialräumlichen Umfeld und nicht zuletzt auch von der öffentlichen Sicherheit in der Umgebung ab (Park 2020). Daraus folgt, dass sich die Planung erholsamer Orte nicht nur auf die Orte selbst, sondern immer auch auf deren sozialräumliches Umfeld richten muss.

Zusammenfassend

Das Leben in dicht bebauten Städten ist in vielerlei Hinsicht belastend. Damit sich die Stadtbewohner regenerieren können, besteht ein Bedarf an Umwelten, die Erholung ermöglichen. Kennzeichnend für Erholumwelten sind vier Faktoren: Faszination, being away, Weite und Kompatibilität. Natürliche Umwelten sind erholsamer als gebaute Umwelten. Deshalb liegt es – abgesehen von ästhetischen Überlegungen – nahe, Natur in gebaute Umwelten einzufügen.

2.10   Soziale Orte im öffentlichen Raum

Ein typisches Merkmal des öffentlichen Raums ist seine Zugänglichkeit für jedermann. Er ist damit auch der geeignete Ort ungeplante zufällige Begegnungen. Gerade weil man nicht vorhersagen kann, auf wen man treffen wird, ist der öffentliche Raum eine Art soziales Mystery; als ein solcher motiviert er zu Erkundungen in der sozialen Umwelt. Oldenburg (1999, 2001) hat Treffpunkte im öffentlichen Raum als *Third Places* bezeichnet, wobei er mit der Bezeichnung „third" zum Ausdruck bringen wollte, dass nach den First Places (Wohnungen) und Second Places (Arbeitsumwelten) noch eine dritte Kategorie wichtig ist. Third Places sind Behavior Settings, zu deren Verhaltensprogramm das Zusammentreffen gehört. Die Settings sind Cafes, Bistros, Gartenlokale, Eisdielen, Lesecafes, kleine Buchläden und Boutiquen. Es sind Orte inmitten öffentlicher Räume, die als angenehm und anregend erlebt werden und die man deshalb gern und oft aufsucht. Zugleich sind es *soziale* Orte, man wird gesehen und sieht die anderen, man trifft Bekannte und lernt neue Leute kennen. Die typischen Merkmale dieser Settings, von Metha und Bosson (2010) als *community-gathering places* bezeichnet, sind:

- Sie sind leicht zu erreichen.
- Sie sind kleinräumig.
- Sie sind unverwechselbar.
- Es gibt Sitzgelegenheiten.
- Sie sind eher schlicht als gestylt.
- Man kann dort etwas trinken und essen.
- Sie sind nicht vom Autoverkehr beeinträchtigt.
- Es gibt Überdachungen, die vor zu viel Sonne und Regen schützen.
- Man kann zwischen drinnen und draußen wechseln.

Nicht alle Merkmale müssen vorhanden sein, um aus einem Ort einen Third Place zu machen. Wichtig sind jedoch Unverwechselbarkeit, Kleinräumigkeit und Sitzgelegenheiten. Das Kriterium „Unverwechselbarkeit" schließt manche Orte aus, die man auf den ersten Blick für Third Places halten könnte. „Officials of a popular coffeehouse chain often claim that their establishments are third places, but they aren't" (Oldenburg 1999, S. 3). Oldenburg (2001) sah in den Third Places „focal points of community life" (S. 3), wobei er meinte, dass sich die Menschen in ihre Schneckenhäuser zurück ziehen würden, wenn es solche Orte nicht gäbe. „We are, after all, social animals. We are an associating species whose nature is to share space just as we share experiences... A habitat that discourages association, one in which people withdraw to privacy as turtles into their shells, denies community" (Oldenburg 1999, S. 203). Nach Ansicht von Metha (2007) werden soziale Orte im öffentlichen Raum immer wichtiger, weil die Menschen immer öfter allein leben; hier können sie ihre sozialen Bedürfnisse befriedigen. Sitzgelegenheiten tragen dazu bei, denn sie laden zum Bleiben ein. Wenn ein Ort im öffentlichen Raum besucht werden soll, muss man deshalb für Sitzgelegenheiten sorgen (Abdulkarim und Nasar 2014). Stühle und Bänke besitzen Affordanz, sie fordern dazu auf sich nieder zu lassen. Sie sind ein unaufwendiges Mittel, um den öffentlichen Raum mit sozialen Orten zu bereichern und zu beleben.

Zusammenfassend
Third Places sind emotional positiv erlebte, anregende und soziale Orte in für jedermann zugänglichen öffentlichen Räumen, die geeignet sind, die sozialen Bedürfnisse nach Kontakt und Kommunikation zu befriedigen. Es sind leicht erreichbare, kleinräumige und unverwechselbare Orte mit Sitzgelegenheiten, die zum Verweilen einladen. Weil immer mehr Menschen allein wohnen, könnten diese Orte als „community- gathering-places" zunehmend wichtiger werden.

Zielgruppen

Menschen sind Individuen, die sich in vielerlei Hinsicht unterscheiden, so auch in ihren Bedürfnissen, Vorlieben, Ansichten und Absichten. Die einen wohnen lieber in einer kostengünstigen kleinen Wohnung in der Großstadt, die anderen bevorzugen dagegen ein geräumiges von einem großem Garten umgebenes Haus auf dem Lande. Weil es nicht möglich ist, jedem Einzelnen die für ihn optimale Umwelt zu verschaffen, liegt es nahe, vom Gelegenheitsstrukturparadigma auszugehen, das eine individuelle Ausgestaltung ermöglicht (vgl. Abschn. 1.2). Des Weiteren kann den individuellen Unterschieden durch Bildung von Zielgruppen mit ähnlichen Bedürfnissen und Anforderungen an die Umwelt zumindest ansatzweise entsprochen werden. Junge Singles, Studenten, Kinder und Familien, alleinstehende alte Menschen usw. sind solche Zielgruppen. Typisch für Kinder ist, dass ihr Erfahrungs- und Handlungsraum ständig zunimmt und ihre Umwelt-Beziehungen zahlreicher und vielfältiger werden. Hier kommt es darauf an, die Erfahrungsbildung und die Erweiterung des Lebensraums zu unterstützen, indem nicht nur Wohnungen mit passenden Grundrissen, sondern auch Wohnumgebungen so geplant werden, dass der Lebensraum sukzessive wachsen kann. In den 1980er Jahren waren Familien eine wichtige Zielgruppe im Wohnungsbau (Flade 2006). In Anbetracht der demografischen Entwicklung sind es heute vor allem auch die alten Menschen, für die eine abnehmende Beweglichkeit typisch ist. Hier kommt es umso mehr auf eine bedürfnisgerechte Gestaltung der Wohnung und der unmittelbaren Wohnumgebung an. Zielgruppen lassen sich im Prinzip aufgrund zahlreicher individueller Merkmale bilden. Ein prominentes Modell in der Persönlichkeitspsychologie sind die „big fives", mit denen man Menschen charakterisieren kann: Offenheit gegenüber neuen Erfahrungen, Gewissenhaftigkeit, Extraversion, Verträglichkeit und Selbstvertrauen (Asendorpf 2019). Sinnvoll ist eine Zielgruppenbildung auf der Grundlage eines bestimmten Persön-

A. Flade, *Kompendium der Architekturpsychologie*, essentials, https://doi.org/10.1007/978-3-658-31338-8_3

lichkeitsmerkmals vor allem dann, wenn dieses Merkmal mit den Bedürfnissen und Vorlieben bezogen auf die gebauten Umwelt korreliert. So könnten z. B. Wohngemeinschaften für Extravertierte besser geeignet sein als für Introvertierte. Auch der Lebensstil, ein Mix aus objektiven und subjektiven Personmerkmalen, könnte für eine Zielgruppenbildung geeignet sein, denn je nach Lebensstil werden unterschiedliche Wohnstandorte bevorzugt (Böltken et al. 1999).

3.1 Kinder

Die gebaute Umwelt ist für Kinder nicht nur gegenwärtiger Lebensraum sondern auch die Umwelt, in der sie sich entwickeln und zu Erwachsenen werden. Die Umwelt ist damit ein langfristiger Einflussfaktor, der den Verlauf ihrer Entwicklung und Sozialisation, d. h. die Art und Weise, wie sie in die Gesellschaft hineinwachsen, mit bestimmt. Die Entwicklung umfasst körperliche Wachstums- und Reifungsprozesse sowie die motorische, kognitive, motivationale und soziale Entwicklung. Auch die Erziehung: die intentionale, auf den Erwerb von Erfahrungen, Fähigkeiten und Fertigkeiten gerichtete Einflussnahme, unterliegt Umwelteinflüssen (Schneewind und Pekrun 1994). Denn wie sich Eltern ihren Kindern gegenüber verhalten, hängt immer auch von den Umweltbedingungen ab. So bewirken beengte Wohnverhältnisse, dass die vermehrtem Stress ausgesetzten Eltern einen übermäßig kontrollierenden Erziehungsstil praktizieren (Chawla 1991). Restriktionen und ein ungünstiges Familienklima, erkennbar an verstärkter Kontrolle und Zurückweisung der Kinder statt Gewährung von Autonomie und Zuwendung, beeinflusst die Entwicklung und das Ergebnis der Entwicklung negativ. Die gebaute Umwelt ist dann kindgerecht, wenn sie folgende Merkmale aufweist:

- Sie bietet Bewegungsmöglichkeiten, was die motorische Entwicklung fördert. Sie ist verkehrssicher.
- Sie ist reich an Anregungen, die zum Erkunden der Umwelt motivieren, was der kognitiven und motivationalen Entwicklung zugute kommt.
- Es gibt ausreichend Gelegenheiten für Kontakte mit Gleichaltrigen.

Sofern sie zu Fuß oder mit dem Fahrrad zurück gelegt werden können, bieten bereits die Wege zur Schule Bewegungsmöglichkeiten. Die Einschränkung der unabhängigen Mobilität (IM = independent mobility) von Kindern ist schwerwiegend, denn: „Restricting IM not only reduces children's physical activity

levels but also has the potential to influence their mental and social development"
(Villanueva et al. 2012, S. 680).

Unabhängig sein kann das Kind im „Free Range" (Flade 1993). Es ist der
Bereich im Lebensraum, in dem das Kind selbstbestimmt handeln kann und den
es, weil er verkehrssicher ist, unbegleitet aufsuchen darf. Der Free Range sollte
sich mit zunehmendem Alter ausdehnen können, d. h. es reicht nicht, allein an
kleinere Kinder zu denken und für sie einen Spielplatz in Hausnähe anzulegen.
Erforderlich sind auch eigenständig erreichbare soziale Orte für ältere Kinder
und Jugendliche. Anregend ist das Andersartige und Faszinierende – einer der
Gründe, warum Kinder Natur, die anders ist als der Alltag in gebauten Räumen,
erleben sollten (Thompson et al. 2008). Bäume, Pflanzen und Grünflächen in der
Stadt sind nicht nur ein ästhetischer und ökologischer Gewinn; sie sind auch ent-
wicklungsfördernd, indem sie es Kindern ermöglichen, durch Erfahrungsbildung
zu lernen (Schneewind und Pekrun 1994).

3.2 Alte Menschen

Angesichts der demografischen Entwicklung sind alte Menschen zu einer
bedeutenden Zielgruppe geworden, mit der sich nicht nur Gerontologen, sondern
auch Architekten und Planer befassen (Wahl et al. 1999). Typisch für diese Zielgruppe ist eine abnehmende „Vita activa". Der Lebensraum schrumpft auf die
Wohnung und deren unmittelbare Umgebung zusammen (Saup 1999). Auch die
Mensch-Umwelt-Beziehungen werden einseitiger, wobei die Umwelt zu einem
dominanteren Einflussfaktor wird, während der Mensch immer weniger auf seine
Umwelt einzuwirken in der Lage ist. Faktoren, von denen das Einfluss nehmen
können, d. h. die Umweltkontrolle, abhängt, sind der gesundheitliche Zustand,
die sensorischen und motorischen Fähigkeiten und Fertigkeiten, die kognitive
Leistungsfähigkeit, das Vermögen, ein unabhängiges Leben zu führen und mit
Krisen und Belastungen fertig zu werden, sowie die Fähigkeit, Kontakte aufzu-
nehmen, sich mitzuteilen und Anteil zu nehmen (Schmitz-Scherzer 2005). All
das gelingt umso besser, wenn die gebaute Umwelt eine eigenständige Lebens-
führung unterstützt. Wichtig sind in diesem Zusammenhang (Kahana et al. 2003):

- Einrichtungen und Annehmlichkeiten
- Anregungen und ein schönes Erscheinungsbild der Wohnumgebung
- öffentliche Sicherheit
- Privatheit
- soziale Einbindung.

Annehmlichkeiten wie Bänke, Läden für den täglichen Bedarf, ärztliche Versorgung und eine Bushaltestelle in der Nähe, ein schönes Aussehen der Häuser und des Außenraums, das dazu einlädt, sich draußen aufzuhalten, eine sicherer Umgebung, sowohl Allein als auch Zusammen sein können und soziales Eingebundensein kennzeichnen altersgerechte Wohnumwelten.

Es ist individuell unterschiedlich, ob alte Menschen lieber unter ihresgleichen oder in einer altersgemischten Umgebung wohnen möchten. Ruhestands-Kommunen (retirement communities) sind nur bei einem Teil der alten Menschen die bevorzugte Wohnform. Die meisten möchten solange wie möglich in ihrer bisherigen Wohnung bleiben (Altus und Mathews 2000). Einer der Gründe ist, dass sie mit den altersbedingten Veränderungen, Krisen und Belastungen besser fertig werden, wenn ihre bisherige Lebenswelt konstant bleibt. Die Kontinuität des Wohnens ist für sie wichtig, weil die Wohnung ein Ort persönlicher Erinnerungen und damit Teil von ihnen selbst ist (Fuhrer 2008). Inzwischen ermöglichen es vielerlei Dienstleistungsangebote, die zunehmend auch von technischen Assistenzsystemen erbracht werden, den alten Menschen, auch bei eingeschränkter Bewegungsfähigkeit weiter in ihrer bisherigen Wohnung zu leben (Meyer 2018).

Angesichts des beklagten Wohnraummangels wird hier und da die Frage aufgeworfen, ob die Alten, die inzwischen in einem „empty nest" allein in ihrer bisherigen großen Wohnung leben, diese nicht jungen Familien überlassen und in eine kleine Wohnung ziehen sollten. Psychosoziale Gründe, darunter emotionale Bindungen an den Wohnort und die Nachbarn, die sich im Laufe einer langen Wohndauer entwickelt und gefestigt haben, sowie die Orts-Identität sprechen dagegen. Eine architektonische Lösung wäre der Bau großer Wohnungen, die bei Bedarf geteilt werden können, sodass die Wohnung verkleinert werden kann und ein Wechsel in eine andere Umgebung nicht mehr zur Diskussion steht.

3.3   Lebensstile

Der Lebensstil ist ein mehrdimensionales Konzept. Zusätzlich zu objektiven Merkmalen wie der sozioökonomischen Lage und dem Alter werden subjektive Personmerkmale wie individuelle Werthaltungen, Geschmacksmuster, Einstellungen, Interessen, kulturelle Vorlieben, Lebensziele, Freizeitaktivitäten, Konsumverhalten, Mediennutzung und Wohnstandortpräferenzen einbezogen (Schneider und Spellerberg 1999). Einen Ansatzpunkt, vom Lebensstilkonzept ausgehend Zielgruppen zu bilden, ist die Feststellung, dass die bevorzugten Wohnstandorte je nach Lebensstil unterschiedlich sind. Böltken et al. (1999) haben die diversen Lebensstilgruppen zu zwei gegensätzlichen Gruppen

zusammen gefasst: die „Aktiven" mit einem Highlife-Stil (die arbeits- und erleb-
nisorientierten vielseitig aktiven Menschen) und die „Zurückgezogenen" mit
einem Homelife-Stil (die traditionell, zurückgezogen lebenden Menschen). Die
Aktiven verlangt es nach Abwechslung, sie möchten beruflich voran kommen, sie
sind politisch engagiert und kulturell interessiert, das Familienleben und auch die
nachbarlichen Beziehungen stehen nicht im Vordergrund. Ihnen geht es eher um
vielfältige Erlebnismöglichkeiten als um die Entfaltung in Haus und Garten. All
das erklärt, dass sie lieber in der Großstadt als auf dem Lande wohnen. Für die
Zurückgezogenen haben Häuslichkeit, Sicherheit und das Familienleben einen
hohen Stellenwert. Sie bevorzugen als Wohnstandort kleine Städte und den ländlichen Raum (Abb. 3.1). Diese Vorliebe wird mehr oder weniger auch realisiert,
denn die Aktiven wohnen auch tatsächlich öfter mitten in der großen Stadt, die
Zurückgezogenen häufiger im ländlichen Raum (Böltken et al. 1999).

Das Lebensstilkonzept spielt bei der Bildung von Zielgruppen mit Blick auf die
Planung und Gestaltung gebauter Umwelten bislang noch keine Rolle. Es könnte
zu einem Ansatzpunkt werden, um den Wohnungsbau in kleineren Städten und
Ortschaften zu fördern. Schon vor zwei Jahrzehnten hatte man gemeint, dass durch
die neuen Technologien eine Suburbanisierung von Dienstleistungsunternehmen
in Gang käme und sich die Menschen wieder vermehrt in ländlicheren Regionen
ansiedeln würden (Bauriedl und Strüver 2018). Es ist nicht auszuschließen, dass es
künftig dazu kommt, wobei die Zurückgezogenen die Pioniere wären.

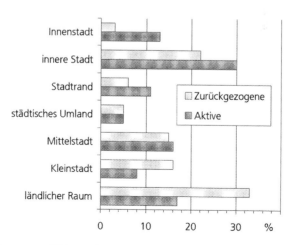

Abb. 3.1 Bevorzugter Wohnstandort nach Lebensstil (Böltken et al. 1999, S. 150, eigene
Grafik)

Methoden architekturpsychologischer Forschung

4

4.1 Überblick

Um einen Eindruck zu bekommen, wie durch empirische Forschung psychologische Erkenntnisse gewonnen werden, soll abschließend ein kurzer Blick auf die methodischen Vorgehensweisen geworfen werden. Unter dem Label „Methoden" finden sich in empirischen Untersuchungen Informationen über die untersuchte Gruppe, den Untersuchungsplan, die Art der erhobenen Daten und die Auswertung der Daten:

Um welche Personengruppe geht es? Ist es eine bestimmte Altersgruppe? Sind es die Bewohner einer Großwohnsiedlung, die als Sozialer Brennpunkt in Verruf geraten ist? Sind es Versuchspersonen, die an einem Experiment zur Untersuchung des Erholeffekts von Naturumwelten teilnehmen?

Wie ist der Untersuchungsplan angelegt? Welche Vergleiche werden angestellt? Häufig sind es Vorher-Nachher-Vergleiche, wobei zwischen den Phasen Vorher und Nachher ein „Treatment" erfolgt. Aus dem Vergleich der beiden Phasen wird auf den Effekt dieses Treatments geschlossen. Man vergleicht z. B. das Verhalten der Schüler auf einem Schulhof vor und nach dessen Umgestaltung (Weinstein, und Pinciotti 1988). Wenn sich die Schüler weniger aggressiv verhalten als zuvor, hat die Umgestaltung die gewünschte Wirkung gehabt. Oder man setzt in der Vorher-Phase Versuchspersonen einer ermüdenden kognitiv anstrengenden Tätigkeit aus, danach dürfen sie in einer grünen Umgebung oder in der Innenstadt spazieren gehen. Anschließend folgt ein Konzentrationstest (Hartig et al. 2003). Wenn diejenigen, die im Grünen unterwegs gewesen sind, in dem Test besser abschneiden als die Gruppe, die den Innenstadtspaziergang gemacht hat, wird daraus auf den Erholeffekt der Natur geschlossen.

Welche Daten werden erhoben, wie und was wird gemessen? Daten werden durch Befragungen, Verhaltensbeobachtungen und Messungen gewonnen. Zum Beispiel werden die Zahl der Fehler oder der richtigen Antworten oder die Zeit, die für eine Aufgabe gebraucht wird, gemessen. Häufig eingesetzt wird der Backward Digit Span Test, bei dem Reihen mit 3 bis 9 Zahlen vorgegeben werden, die in umgekehrter Reihenfolge wieder gegeben werden sollen. Beliebt ist auch der Necker Cube Test. Der Necker'sche Würfel ist eine Kippfigur, deren wahrgenommene Tiefenperspektive während des Betrachtens hin und her kippt. Um eine Tiefenperspektive beizubehalten, muss man sich stark konzentrieren. Bei ermüdeten Menschen kippt die Figur häufiger (Crossan und Salmoni 2019).

Wie werden die Daten ausgewertet? Die Analyse der Daten erfolgt mit den Methoden der Statistik. Mit den Verfahren der deskriptiven Statistik (beschreibende Statistik) werden die gewonnenen Daten zusammenfassend und übersichtlich in Form von Mittelwerten, Prozentzahlen, Korrelationskoeffizienten und Grafiken dargestellt. In der Inferenzstatistik (schließende Statistik) wird von den Daten einer Stichprobe auf die Gesamtpopulation geschlossen. Man bleibt nicht bei dem Einzelfall stehen, sondern kann generalisieren.

Eine kurzgefasste übersichtliche Darstellung zur umweltpsychologischen Forschungsmethodik findet sich bei Bell et al. (2001, S. 10 ff.). Einen ausführlichen Überblick liefern die Beiträge in dem von Gifford (2016) herausgegebenen Reader.

Der folgende Teil, in dem dargestellt wird, wie Daten gewonnen werden, soll die Vielfalt der Methoden vor Augen führen, die in der architekturpsychologischen Forschung angewendet werden.

4.2   Datengewinnung

Befragungen
Befragungsmethoden sind sehr vielfältig, denn Fragen können offen formuliert sein und frei beantwortet werden, es können Antwortkategorien vorgegeben werden, von denen die individuell zutreffende angekreuzt werden soll; die Fragen können mündlich oder schriftlich gestellt werden, und es kann sowohl direkt als auch indirekt gefragt werden (Tab. 4.1). Durch Vorgabe mehrstufiger Skalen

Tab. 4.1 Direkte und indirekte Fragen zur Wohnzufriedenheit (Flade 2006, S. 55 f.)

Direkte Fragen (Skala von „sehr unzufrieden" bis „sehr zufrieden")	Indirekte Fragen (Skala von „keinesfalls" bis „auf jeden Fall")
Wie zufrieden sind Sie mit Ihrer Wohnung/ Ihrem Haus?	Würden Sie noch einmal hier einziehen? Würden Sie diese Wohnung weiter empfehlen?
Wie zufrieden sind Sie mit Ihrer Wohnumgebung/Ihrer Nachbarschaft?	Würden Sie diese Wohngegend/diesen Standort anderen empfehlen?
Alles in allem: Wie schätzen Sie Ihre Wohnzufriedenheit insgesamt ein?	Werden Sie in den nächsten zwei Jahren noch hier wohnen?

wird den Befragten das Antworten und den fragenden Forschern die Auswertung erleichtert.

Das Semantische Differenzial, das aus mehreren Skalen besteht, wobei deren Zahl und Art und die Feinheit der Abstufungen variieren, wird verwendet, um konnotative Bedeutungen, Gestimmtheiten und Gefühle zu erfassen. Theoretische Basis ist der Semantische Raum mit den Dimensionen Valenz, Aktivierung und Dominanz (Abschn. 2.3). Das Grundmuster eines Semantischen Differenzials sieht dementsprechend folgendermaßen aus:

gut – schlecht

angenehm – unangenehm

aktiv – passiv

schnell – langsam

stark – schwach

schwer – leicht

Zu unterscheiden ist zwischen denotativen und konnotativen Bedeutungen. Bei Gefühlen und Gestimmtheiten geht es um Konnotationen. So bezeichnet das Adjektiv „bedrückend" ein gefühlsmäßiges Erleben und nicht eine geringe Raumhöhe. Das Wort „renovierungsbedürftig" sagt etwas über den Erhaltungszustand eines Gebäudes aus; hier handelt es sich um eine Denotation. Konnotativ sind dagegen assoziative gefühlsmäßige Bedeutungen. Ein typisches Semantisches Differenzial ist in Abb. 4.1 dargestellt.

Abb. 4.1 Semantisches
Differenzial (Hellbrück und
Fischer 1999, S. 101)

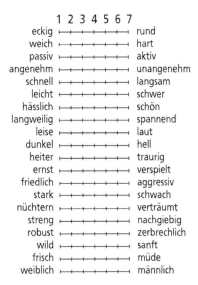

Canter (1969) hat ein aus 45 siebenstufigen Skalen bestehendes Semantisches Differenzial eingesetzt, um die Konnotationen von Architekturstudenten zu Gebäude-Ansichten und Grundrissen zu erfassen, Rittelmeyer (1994) hat 25 fünf-stufige Skalen zusammen gestellt, mit denen er Fotos von Schulgebäuden von Schülern beurteilen ließ. Stamps (2005, 2007) hat in seinen Simulationsexperimenten häufig achtstufige Skalen eingesetzt.

Befragungen sind oftmals Bestandteil eines Methoden-Mix. So beinhaltet die Post-Occupancy Evaluation (POE = die Bewertung fertig gestellter und in Gebrauch genommener Gebäude), meistens auch eine Befragung der Nutzer, deren Aussagen ein Feedback und damit eine Grundlage für etwaige Nach-besserungen oder Modifizierungen liefern (Schuemer 1998). Eine spezielle Form ist das Rundganginterview (walk-through Interview), bei dem die Nutzer während eines Rundgangs durch ihr Gebäude dessen bauliche Details beurteilen. Eine POE, bei der systematisch geprüft wird, ob die gebaute Umwelt das leistet, was beabsichtigt wurde, stellt das Gegenteil einer „never look back" Haltung dar, für die typisch ist, dass die Erbauer die Aufgabe als erfüllt betrachten, sobald das Bauwerk fertig gestellt ist (Schuemer 1998; Sommer 1993).

Verhaltensbeobachtungen

Beobachtungen sind objektive Methoden. Erfasst wird das, was direkt sichtbar ist. Bei der Verhaltenskartierung (behavioral mapping) wird von geschulten Beobachtern das Verhalten in realen Settings beobachtet und registriert. Dazu wird der Gesamtraum, über den sich die Beobachtung erstreckt, in kleine Segmente untergliedert. Nach einem bestimmten Zeitplan werden die Aufenthaltsorte der anwesenden Personen markiert und deren Aktivitäten notiert. Dann wird analysiert, was die häufiger aufgesuchten von den weniger besuchten Orten unterscheidet. Beim Einsatz technischer Mittel wie z. B. von Drohnen, die Luftaufnahmen von einem Gebiet machen, braucht man keine Beobachter mehr. Park (2020) hat auf diese Weise die Aufenthaltsorte und kleinräumigen Aktivitätsmuster in einem ausgedehnten Parkgelände registriert.

Eine weitere Methode ist die verfolgende Beobachtung (tracking). Dabei werden einzelne Menschen über einen definierten Zeitraum hinweg kontinuierlich beobachtet, wobei deren Routen, Stopps und die Dauer der Stopps notiert werden. Klein (1993) hat solche Beobachtungen in Museen durchgeführt und daraus Folgerungen für eine optimale Präsentation von Exponaten und die zu empfehlende Raumunterteilung gezogen. Beim web-based mapping benötigt man keine Beobachter mehr (Zhuo et al. 2016). Mobile digitale Geräte zeichnen auf, wo sich ein Mensch befindet, wo er sich eine Weile aufgehalten hat und welche Wege er gegangen ist.

Im weiteren Sinne zählt auch die Erfassung von Gebrauchsspuren, die sich durch Nutzung und Aneignung der Umwelt ergeben haben, zu den Beobachtungsmethoden Es wird dabei ein Verhalten erfasst, das in der Vergangenheit stattgefunden hat. Unterschieden werden „Erosionen" in dem Sinne, dass etwas weggenommen wurde, und Veränderungen des ursprünglichen Zustands, indem etwas dazu gekommen ist. Ein Beispiel ist der Trampelpfad, der sowohl als Erosion gesehen werden kann, nämlich als Verlust der Bepflanzung, als auch als ein Hinzufügen, nämlich eines neuen kürzeren Wegs. Im weitesten Sinne kann gebaute Umwelt als eine „wirkmächtige" Gebrauchsspur, nämlich als Veränderung der ursprünglichen natürlichen Umwelt, gesehen werden und zwar sowohl als Erosion als auch als etwas, was dazu gekommen ist. Die Deutung hängt von der Perspektive ab.

Experimente

In Experimenten geschieht das Befragen, Beobachten und Messen unter kontrollierten Bedingungen. Dadurch wird es möglich, die Effekte bestimmter Umweltmerkmale frei von „Störeinflüssen" zu ermitteln, die in realen Umwelten immer vorhanden sind. Ein weiterer Vorteil von Experimenten ist, wie Stamps

(2000) hervorgehoben hat, dass man die untersuchten Einflussfaktoren sehr präzise bemessen kann, statt bei vagen Bezeichnungen wie etwa „visual richness" stehen zu bleiben. Die schematisierten Bildszenen und Muster, bei denen Längen, Winkel, die Zahl und Vielfalt der Elemente, Helligkeit, die Blicktiefe, das Ausmaß der Verdeckung usw. fein abgestuft werden, ermöglichen genaue Bemessungen.

Skalen werden auch in Experimenten häufig eingesetzt. Man zeigt z. B. Versuchspersonen schematisierte Bilder von gebauten Umwelten mit Baum und ohne Baum oder Fotos, auf denen bestimmte Elemente wie Sitzgelegenheiten, Skulpturen und Kunstwerke sowie Orte, an denen man etwas zu essen und trinken kann, vorhanden oder nicht vorhanden sind. Dazu werden Aussagen vorgegeben, zu denen die Versuchspersonen auf mehrstufigen Skalen ihre persönliche Ansicht wiedergeben können (Tab. 4.2).

Eine beliebte Methode ist auch der Paarvergleich. In einem Experiment, in dem er die Komplexität von Gebäudesilhouetten variierte, hat Stamps (2000) diese Methode verwendet. Den Versuchspersonen wurden jeweils zwei Bildmuster vorgelegt, die sie miteinander im Hinblick auf ihren Komplexitätsgrad vergleichen sollten. Die Antwortkategorien waren: die Muster sind gleich komplex; das eine Muster ist ein wenig komplexer; es ist deutlich komplexer; es ist sehr viel komplexer.

Das in Experimenten verwendete Bildmaterial reicht von Fotos realer Umwelten bis hin zu schematisierten Bildszenen. Arneill und Devlin (2002) zeigten Versuchspersonen Fotos von verschiedenen realen Wartezimmern, die sich in ihrer Größe, der farblichen Gestaltung, der Ausleuchtung, Möblierung und Dekoration unterschieden. Sie sollten die Wartezimmer im Hinblick auf die vermutete Kompetenz des Arztes beurteilen und darauf, wie angenehm sie die gezeigten Wartezimmer finden. Für die Beantwortung stand eine kontinuierliche Skala, nämlich ein 10 cm langes Band, zur Verfügung, auf dem 0 bedeutete „nicht kompetent" bzw. „nicht ansprechend" und 10 „sehr kompetent" bzw. „sehr

Tab. 4.2 Zu kommentierende Aussagen – Beispiele

Aussagen	Skalen
Ich denke, diese Szenerie ist attraktiv Ich fühle mich gut Ich bin traurig	„überhaupt nicht" (=1) bis „sehr" (=5)
Dies ist ein Ort, den ich wählen würde, um einen Freund zu treffen Diesen Ort würde ich regelmäßig besuchen	„überhaupt nicht" (=0) bis „stimme voll zu" (=10)

ansprechend". Geantwortet wurde durch Ankreuzen eines Punktes auf diesem Kontinuum.

Neue Möglichkeiten des Experimentierens bieten Simulationen von Umwelten, in denen die Versuchspersonen umher gehen können. Stamps (2009) hat auf diese Weise die Zusammenhänge zwischen Umweltmerkmalen und dem Eindruck von Weiträumigkeit untersucht. Um Stress zu erzeugen, ließ Ziesenitz (2010) Versuchspersonen unter Zeitdruck kognitiv anspruchsvolle Aufgaben in einer emotional belastenden Situation lösen. Das darauf folgende Treatment war ein Spaziergang in einem realen Stadtpark oder auf einem Laufband im Forschungslabor, wobei entweder ein Videofilm mit realen Naturbildern oder mit computergenerierten virtuellen Stadtparkszenen ablief. Die Kontrollgruppe ging auf dem Laufband spazieren und blickte dabei auf die kahlen Wände eines Fitness Studios. Der Anblick von Naturszenen – gleich welcher Art – bewirkte einen rascheren Stressabbau. Das Fazit war. Es muss nicht unbedingt die reale Naturlandschaft sein, auch eine computergenerierte Natur kann einen Erholeffekt haben. Aus forschungsmethodischer Sicht ist der Einsatz technischer Mittel, um Befragungen, Verhaltensbeobachtungen und Experimente durchzuführen, eine enorme Bereicherung. Sie erweitern das Spektrum möglicher Zugänge, um architekturpsychologische Fragen zu beantworten.

Was Sie aus diesem *essential* mitnehmen können

- Die Architekturpsychologie ist in den vergangenen fünf Jahrzehnten zu einem Wissenstool geworden, der Antworten auf die Frage bereit hält, wie gebaute Umwelten auf den Menschen wirken.
- Es wird eine konzeptionelle Grundlage geliefert, mit der die Beziehungen zwischen Mensch und gebauter Umwelt erklärt und über den Einzelfall hinaus generalisiert werden können, was fundierte Schlussfolgerungen bis hin zu gestalterischen Empfehlungen ermöglicht.
- Das Erscheinungsbild gebauter Umwelten ist keine Nebensächlichkeit. Menschen reagieren emotional positiv auf ein schönes Aussehen und halten sich gern in ansprechenden Umwelten auf. Der ästhetische Eindruck hängt ab von der Kohärenz, Lesbarkeit, Komplexität und Mystery der gebauten Umwelt.
- Es wird Stellung genommen zu Fragen der baulichen Verdichtung, den Möglichkeiten, sich von den Belastungen städtischen Lebens zu erholen, und der wachsenden Bedeutung des öffentlichen Raums in einer sich zunehmend individualisierenden Gesellschaft.
- Es ist ratsam, nach einer kognitiv anstrengenden Arbeit – darunter dem Lesen eines Sachbuchs – einen Spaziergang in einer grünen Umgebung zu machen.

Literatur

Abdulkarim. D. & Nasar, J. L. (2014). Do seats, food vendors, and sculptures improve plaza visitability? Environment and Behavior, 46, 805–825.

Altman, I. (1975). The environment and social behavior. Montery, CA: Brooks/Cole.

Altman, I. & Chemers, M. (1980). Culture and environment. Montery, CA: Brooks/Cole.

Altus, D. E. & Mathews, R. M. (2000). Examining satisfaction of older home owners with intergenerational home sharing. Journal of Clinical Geropsychology, 6, 139–147.

Arneill, A. B. & Devlin, A. (2002). Perceived quality of care: The influence of the waiting room environment. Journal of Environmental Psychology, 22, 345–360.

Asendorpf, J. B. (2019). Persönlichkeitspsychologie für Bachelor. 4. Auflage. Berlin/ Heidelberg: Springer Lehrbuch.

Bauriedl, S. & Strüver, A. (Hrsg.). (2018). Smart City. Kritische Perspektiven auf die Digitalisierung in Städten. Bielefeld: transcript Verlag.

Bell, P. A., Greene, T. C, Fisher, J. D. & Baum, A. (2001). Environmental psychology. 5. Auflage. Fort Worth: Harcourt College Publishers.

Berto, R. (2005). Exposure to restorative environments helps restore attentional capacity. Journal of Environmental Psychology, 25, 249–259.

Bierhoff, H.-W. (2006). Sozialpsychologie zwischenmenschlichen Verhaltens. In K. Pawlik (Hrsg.). Handbuch Psychologie: Wissenschaft, Anwendung, Berufsfelder. Heidelberg: Springer.

Böltken, F., Schneider, N. & Spellerberg, A. (1999). Wohnen – Wunsch und Wirklichkeit. Informationen zur Raumentwicklung, Heft 2, 141–156.

Boesch, E. E. (1998). Sehnsucht. Von der Suche nach Glück und Sinn. Bern: Huber.

Bonaiuto, M., Aiello, A., Perugini, M., Bonnes, M. & Ercolani, A. P. (1999). Multi-dimensional perception of residential environment quality and neighborhood attachment in the urban environment. Journal of Environmental Psychology, 19, 331–352.

Canter, D. (1969). An intergroup comparison of connotative dimensions in architecture. Environment and Behavior, 1, 37–48.

Canter, D. (1975). Menschen und Gebäude – Eine kurzgefasste Übersicht über die Forschung auf diesem Gebiet. In D. Canter (Hrsg.) Architekturpsychologie. Theorie, Laboruntersuchungen, Feldarbeit (S. 130–136). Düsseldorf: Bertelsmann.

© Der/die Herausgeber bzw. der/die Autor(en), exklusiv lizenziert durch Springer Fachmedien Wiesbaden GmbH, ein Teil von Springer Nature 2020
A. Flade, *Kompendium der Architekturpsychologie,* essentials,
https://doi.org/10.1007/978-3-658-31338-8

Chawla, L. (1991). Homes for children in a changing society. In E. H. Zube & G. T. Moore (Hrsg). Advances in environment, behavior and design (Bd. 3, S. 188–228). New York: Plenum Press.

Crossan und Salmoni (2019). A simulated walk in nature: Testing predictions from the attention restoration theory. Environment and Behavior, online first, 1–19.

destatis (2016). https://www.destatis.de/DE/Themen/Gesellschaft-Umwelt/Wohnen/ Tabellen/liste-haushaltsstruktur-wohnflaeche (abgerufen am 8.5.20).

Dieckmann, F., Flade, A., Schuemer, R., Ströhlein, G. & Walden, R. (1998). Psychologie und gebaute Umwelt. Konzepte, Methoden, Anwendungsbeispiele. Darmstadt: Institut Wohnen und Umwelt.

Evans, G. W. & McCoy, J. M. (1998). When buildings don't work: The role of architecture in human health. Journal of Environmental Psychology, 18, 85–94.

Fischer, M. & Stephan, E. (1996). Kontrolle und Kontrollverlust. In L. Kruse, C. F. Graumann & E. D. Lantermann (Hrsg.). Ökologische Psychologie. Ein Handbuch in Schlüsselbegriffen (S. 166–175). Weinheim: Psychologie Verlags Union.

Fisher, B. S. & Nasar, J. L. (1992). Fear of crime in relation to three exterior site features. Prospect, refuge, and escape. Environment and Behavior, 24, 35–65.

Fisher, B. & Nasar, J. (1993). Hot spots of fear and crime: a multi-method investigation. Journal of Environmental Psychology, 13, 187–206.

Flade, A. (1993). Spielen von Kindern im Wohnviertel. Das home range-Konzept. In H.-J. Harloff (Hrsg.). Psychologie des Wohnungs- und Siedlungsbaus (S.185–194). Göttingen: Verlag für Angewandte Psychologie.

Flade, A. (1996). Kriminalität und Vandalismus. In L. Kruse, C. F. Graumann & E. D. Lantermann (Hrsg.). Ökologische Psychologie. Ein Handbuch in Schlüsselbegriffen (S. 518–524). Weinheim: Psychologie Verlags Union.

Flade, A. (2000). Emotionale Aspekte räumlicher Mobilität. Umweltpsychologie, 4, Heft 1, 50–63.

Flade, A. (2006). Wohnen psychologisch betrachtet. Bern: Huber.

Flade, A. (2008). Architektur psychologisch betrachtet. Bern: Huber.

Flade, A. (2019) Mehr öffentliche Sicherheit durch mehr Beleuchtung – oder geht es auch anders? Transforming Cities, Heft 2, 80–84.

Flade, A. & Lohmann, G. (2004). Wohnen in Passivhäusern. Ein umweltpsychologischer Forschungsansatz. Umweltpsychologie, 8, Heft 1, 66–83.

Fuhrer, U. (2008). Ortsidentität, Selbst und Umwelt. In E.-D. Lantermann & V. Linneweber (Hrsg.). Grundlagen, Paradigmen und Methoden der Umweltpsychologie (S. 415–442). Göttingen: Hogrefe.

Galster, G. (1987). Identifying the correlates of dwelling satisfaction. Environment and Behavior, 19, 539-568.

Gibson, B. & Werner, C. (1994). Airport waiting areas as behavior settings: The role of legibility cues in communicating the setting program. Journal of Personality and Social Psychology, 66, 1049–1060.

Gifford, R. (2007). Environmental psychology. Principles and practice. 4. Aufl. Colville: Optimal Books.

Gifford, R. (Hrsg.). (2016). Research methods for environmental psychology. Malden, MA: Wiley Blackwell.

Glasze, G. (2003). Die fragmentierte Stadt. Ursachen und Folgen bewachter Wohnkomplexe im Libanon. Opladen: Leske+ Budrich.

Graumann, C. F. (1996). Aneignung. In L. Kruse, C. F. Graumann & E. D. Lantermann (Hrsg.). Ökologische Psychologie. Ein Handbuch in Schlüsselbegriffen (S. 124–130). Weinheim: Psychologie Verlags Union.

Hartig, T., Evans, G. W., Jamner, L. D., Davis, D. S. & Gärling, T. (2003). Tracking restoration in natural and urban field settings. Journal of Environmental Psychology, 23, 109–123.

Hellbrück, J. & Fischer, M. (1999). Umweltpsychologie. Ein Lehrbuch. Göttingen: Hogrefe.

Hellbrück, J. & Kals, E. (2012). Umweltpsychologie. Lehrbuch. Wiesbaden: Springer VS.

Herzog, T. R. & Miller, E. J. (1998). The role of mystery, and environmental preference. Environment and Behavior, 30, 429–449.

Ikemi, M. (2005). The effects of mystery on preference for residential facades. Journal of Environmental Psychology, 25, 167–173.

Kahana, E., Lovegreen, L., Kahana, B. & Kahana, M. (2003). Person, environment, and person-environment fit as influences on residential satisfaction of elders. Environment and Behavior, 35, 434–453.

Kaplan, R. & Kaplan, S. (1989). The experience of nature. A psychological perspective. Cambridge: Cambridge University Press.

Kaplan, S. (1995). The restorative benefits of nature. Toward an integrative framework. Journal of Environmental Psychology, 15, 169–182.

Kelz, C., Evans, G. W. & Röderer, K. (2015). The restorative effects of redesigning the schoolyard: A multi-methodolodical, quasi-experimental study in rural Austrian middle schools. Environment and Behavior, 47, 119–139.

Klein, H.-J. (1993). Tracking visitor circulation in museum settings. Environment and Behavior, 25, 782–800.

Korpela, K. & Hartig, T. (1996). Restorative qualities of favorite places. Journal of Environmental Psychology, 16, 221–233.

Kruse, L. (1996). Raum und Bewegung. In L. Kruse, C. F. Graumann & E. D. Lantermann (Hrsg.). Ökologische Psychologie. Ein Handbuch in Schlüsselbegriffen (S. 313–324). Weinheim: Psychologie Verlags Union.

Küller, R. (1996). Licht, Farbe und menschliches Verhalten. In L. Kruse, C. F. Graumann & E. D. Lantermann (Hrsg.). Ökologische Psychologie. Ein Handbuch in Schlüsselbegriffen (S. 614–619). Weinheim: Psychologie Verlags Union.

Laumann, K., Gärling, T. & Stormark, K. M. (2001). Rating scale measure of restorative components of environments. Journal of Environmental Psychology, 21, 31–44.

Leather, P., Pyrgas, M. Beale, D. & Lawrence, C. (1998). Windows in the workplace: Sunlight, view, and occupational stress. Environment and Behavior, 30, 739–762.

Levine, M. (1982). You-are-here-maps. Psychological considerations. Environment and Behavior, 14, 221–237.

Lichtenberger, E. (2002). Die Stadt. Von der Polis zur Metropolis. Darmstadt: Wissenschaftliche Buchgesellschaft.

Lindal, P. J. & Hartig, T. (2013). Architectural variation, building height, and the restorative quality of urban residential streetscapes. Journal of Environmental Psychology, 33, 26–36.

Lohr, V. I. & Pearson-Mims, C. H. (2006). Responses to scenes with spreading, rounded, and conical tree forms. Environment and Behavior, 38, 667–688.

Lynch, K. (1960). The image of the city. Cambridge, MA: MIT Press.

Martin, S. H. (2002). The classroom environment and its effects on the practice of teachers. Journal of Environmental Psychology, 22, 139–156.

Metha, V. (2007). Lively streets. Determining environmental characteristics to support social behavior. Journal of Planning Education and Research, 27, 165–187.

Metha, V. & Bosson, J. K. (2010). Third places and the social life of streets. Environment and Behavior, 42, 779–805.

Meyer, S. (2018). Technische Assistenzsysteme zu Hause – warum nicht? Vergleichende Evaluation von 14 aktuellen Forschungs- und Anwendungsprojekten. In H. Künemund & U. Fachinger (Hrsg.). Alter und Technik. Sozialwissenschaftliche Befunde und Perspektiven (S. 147–176). Wiesbaden: Springer VS.

Montoya, L., Junger, M. & Ongena, Y. (2016). The relation between residential property and its surroundings and day- and night-time residential burglary. Environment and Behavior, 48, 515–549.

Nohl, W. (2003). Die Kleingärten im Nachkriegsdeutschland. Ein ästhetisches Modell für private Gartenräume der Zukunft? In S. Lamnek & M.-T. Tinnefeld (Hrsg.). Privatheit, Garten und politische Kultur (S. 189–213). Opladen: Leske+ Budrich.

Nasar, J. L. (1997). New developments in aesthetics for urban design. In G. T. Moore & R. W. Marans (Hrsg.). Advances in environment, behavior, and design (S. 151–193). New York: Plenum Press.

Nasar, J. L. & Cubukcu, E. (2011). Evaluative appraisals of environmental mystery and surprise. Environment and Behavior, 43, 387–414.

Nasar, J. L. & Jones, K. M. (1997). Landscapes of fear and stress. Environment and Behavior, 29, 291–323.

Norman, K. L. (2008). CyberPsychology: Introduction to the psychology of human/ computer interaction. Cambridge: Cambridge University Press.

North, A. C., Tarrant, M. & Hargreaves, D. J. (2004). The effects of music on helping behavior: A field study. Environment and Behavior, 36, 266–275.

Oldenburg, R. (1999). The great good place: Cafes, coffee shops, bookstores, bars, hair salons, and other hangouts at the heart of a community. Cambridge, MA: Da Capo Press.

Oldenburg, R. (2001). Celebrating the third place. Inspiring stories about the „Great Good Places" at the heart of our communities. New York: Marlowe.

Park, K. (2020). Park and neighborhood attributes associated with park use: An observational study using unmanned aerial vehicles. Environment and Behavior, 52, 518– 543.

Rapaport, A. (1968). The personal element in housing. Journal of the Royal Institute of British Architects (July), 300–307 (zit. bei Canter 1969).

Rittelmeyer, C. (1994). Schulbauten positiv gestalten. Wiesbaden: Bauverlag.

Rüthers, M. (2015). Historische Stadtforschung. In A. Flade (Hrsg.). Stadt und Gesellschaft im Fokus aktueller Stadtforschung. Konzepte – Herausforderungen – Perspektiven (S. 13–59). Wiesbaden: Springer VS Verlag.

Russell, J. A. & Lanius, U. F. (1984). Adaption level and the affective appraisal of environments. Journal of Environmental Psychology, 4, 119–135.

Russell, J. A. & Snodgrass, J. (1987). Emotion and environment. In D. Stokols & I. Altman (Hrsg.). Handbook of environmental psychology (Bd. 1, S. 245–280). New York: Wiley.

Saegert, S. & Winkel, G. (1990). Environmental psychology. Annual Review of Psychology, 41, 441–477.

Saup, W.(1999). Alte Menschen in ihrer Wohnung: Sichtweisen der ökologischen Psychologie und Gerontologie. In H.-W. Wahl, H. Mollenkopf & F. Oswald (Hrsg.). Alte Menschen in ihrer Umwelt (S. 43–51). Wiesbaden: Westdeutscher Verlag.

Schmitz-Scherzer, R. (2005). Persönlichkeit und Kompetenz alternder Menschen. In D. Frey & C. Graf Hoyos (Hrsg.). Psychologie in Gesellschaft, Kultur und Umwelt (S. 121–125). Weinheim: Beltz Verlag.

Schneewind, K. A. & Pekrun, R. (1994). Theorien der Erziehungs- und Sozialisationspsychologie. In K. A. Schneewind (Hrsg.). Theorien der Erziehungs- und Sozialisationspsychologie (S. 3–39). Göttingen: Hogrefe.

Schneider, N. & Spellerberg, A. (1999). Lebensstile, Wohnbedürfnisse und räumliche Mobilität. Opladen: Leske+Budrich.

Schuemer, R. (1998). Nutzerorientierte Evaluation gebauter Umwelten. In F. Dieckmann, A. Flade, R. Schuemer, G. Ströhlein & R. Walden. Psychologie und gebaute Umwelt. Konzepte, Methoden, Anwendungsbeispiele (S. 153–173). Darmstadt: Institut Wohnen und Umwelt.

Sommer, R. (1983). Social design. Creating buildings with people in mind. Englewood Cliffs, N. J.: Prentice Hall.

Stamps, A. E. (2000). Psychology and the aesthetics of the built environment. Boston: Kluwer Academic Publisher.

Stamps, A. E. (2005). Visual permeability, locomotive permeability, safety and enclosure. Environment and Behavior, 37, 587–619.

Stamps, A. E. (2007). Mystery of environmental mystery. Effects of light, occlusion, and depth of view. Environment and Behavior, 39, 165–197.

Stamps, A. E. (2009). On shape and spaciousness. Environment and Behavior, 41, 526–548.

Stokols, D. (1976). The experience of crowding in primary and secondary environments. Environment and Behavior, 8, 49–86.

Sullivan, W. C., Kuo, F. E. & DePooter, S. F. (2004). The fruit of urban nature. Environment and Behavior, 36, 678–700.

Taylor, R. B. (1988). Human territorial functioning. Cambridge: Cambridge University Press.

Thompson, C. W., Aspinall, P. & Montarzino, A. (2008). The childhood factor: Adult visits to green places and the significance of childhood experience. Environment and Behavior, 40, 111–143.

Valtchanov, D. & Ellard, C. G. (2015). Cognitive and affective responses to natural scenes: Effects of low level viszal properties on preference, cognitive load and eye-movements. Journal of Environmental Psychology, 43, 184–195.

Villanueva, K., Giles-Corti, B., Bulsara, M., Timperio, A. McCormack, G., Beesley, B., Trapp, G. & Middleton, N. (2012). Where do children travel to and what local opportunities are available? The relationship between neighborhood destinations and children's independent mobility. Environment and Behavior, 45, 679–705.

Wahl, H.-W., Oswald, F. & Mollenkopf, H. (1999). Alter und Umwelt – Beobachtungen und Analysen der Ökologischen Gerontologie. In H.-W. Wahl, H. Mollenkopf & F. Oswald (Hrsg.). Alte Menschen in ihrer Umwelt (S. 13–22). Wiesbaden: Westdeutscher Verlag.

Walden, R. (2015). Criteria for the judgment of the quality of school buildings. In R. Walden (Hrsg.). Schools for the future. Design proposals from architectural psychology (S. 201–222). Wiesbaden: Springer.

Weinstein, C. S. & Pinciotti. P. (1988). Changing a schoolyard. Environment and Behavior, 20, 345–371.

Weissmüller, L. (2020). Das Atmen des Lehms. Interview mit der Architektin Marina Tabassum. Süddeutsche Zeitung, Nr. 136, 16. Juni 2020, S. 9.

Wenz-Gahler, I. (1979). Die Küche. In M. Andritzky & G. Selle (Hrsg.). Lernbereich Wohnen (Bd. 1, S. 266–287). Reinbek: Rowohlt.

Wilson-Doenges, G. (2000). An exploration of sense of community and fear of crime in gated communities. Environment and Behavior, 32, 597–611.

Yildirim, K., Akalin-Baskaya, A. & Celebi, M. (2007). The effects of window proximity, partition height, and gender on perceptions of open-plan offices. Journal of Environmental Psychology, 27, 154–165.

Zhou, X., Dongying. L. & Larsen, L.(2016). Using web-based participatory mapping to investigate children's perceptions and the spatial distribution of outdoor play places. Environment and Behavior 48, 859–884.

Ziesenitz, A. (2010). Die Natur als Erholungs(t)raum? Ein empirischer Vergleich von virtueller und physischer Natur. Dissertation, Universität Kassel. urn:nbn:de:he bis:34–2010011131639.

Zurawski, N. (2014). Raum – Weltbild – Kontrolle. Raumvorstellungen als Grundlage gesellschaftlicher Ordnung und ihrer Überwachung. Opladen: Budrich Uni Press.

Antje Flade *Hrsg.*

Stadt und Gesellschaft im Fokus aktueller Stadtforschung

Konzepte –
Herausforderungen –
Perspektiven

 **Springer**